素描林散之

筆從曲處還求直意入圓時更覺方隸形入草出天趣衰年變法來草聖

辛卯元月 李嵐清

“百年巨匠”素描／李岚清 绘

《百年巨匠》编委会

百年巨匠

百年巨匠

Century Masters

林散之

孙晓飞◎著

文物出版社

图书在版编目（CIP）数据

林散之 / 孙晓飞著. -- 北京 ：文物出版社，2023.4
（百年巨匠）
ISBN 978-7-5010-7901-8

Ⅰ. ①林… Ⅱ. ①孙… Ⅲ. ①林散之（1898–1989）–传记 Ⅳ. ①K825.72

中国版本图书馆CIP数据核字（2022）第231894号

百年巨匠・林散之

著　　者　孙晓飞

总 策 划　刘铁巍　杨京岛
责任编辑　张朔婷
封面设计　子　旃
责任印制　张道奇
责任校对　李　薇　陈　婧

出版发行　文物出版社
社　　址　北京市东城区东直门内北小街2号楼
网　　址　http://www.wenwu.com
制版印刷　天津图文方嘉印刷有限公司
经　　销　新华书店
开　　本　710×1000　1/16
印　　张　14
版　　次　2023年4月第1版
印　　次　2023年4月第1次印刷
书　　号　ISBN 978-7-5010-7901-8
定　　价　69.80元

宣传巨匠推广大师 为时代树立标杆

蔡武

文化部原部长 《百年巨匠》总顾问

文化精品创作工程包括重大出版工程、影视精品工程。《百年巨匠》就是跨界融合的一个重大文化工程，它深具创意，立意高远，选题准确、全面，极富特色，内容精彩纷呈，内涵博大精深，基本涵盖了我国20世纪这一特定历史时期在文学艺术方面的成就及其代表人物。它讲述的不仅仅是各位巨匠的传奇人生，更是他们的文学艺术成就同民族、国家，同历史、文化，同当代世界，同20世纪风云激荡的年代，以及同人民的命运都是紧密相连的。他们的成就对整个社会产生了重要而深远的影响。因此，立足21世纪的当今，系统全面科学解读巨匠人生与大师艺术，有着特殊而积极的意义，是社会和时代的要求。

作为一个有影响力的文化品牌，《百年巨匠》的表现形式也是多样的。《百年巨匠》从书和纪录片互动互补，是出版界与影视界的跨界合作与融合发展，形成了叠加影响和联动效应，进一步丰富和扩大了品牌的内涵和外延。在信息社会"四屏"时代，用这样的一种方式来表达重大深刻的主题，具有重大的创新意义，是对中华优秀文化传承发展进行创造性转化、创新性发展的成功探索。体现出强烈的历史感、时代性、民族性，具有鲜明的中国特色，必将产生深远的影响。

一个民族自立于世界民族之林，离不开民族的自信心与自尊心。而民族的自信心和自尊心有其思想基础和人文轨迹，即对民族文化的重要代表人物和优秀传统应当有比较全面的了解并进行广泛传播。一个国家的历史需要记录，文化艺术同样如此。《百年巨匠》丛书秉承文献性、真实性、生动性原则，客观还原大师原貌，以更为宏阔的历史维度对大师们所经历的时代给予不同视角的再现和解读，为读者开启一扇连接20世纪中国近现代文化艺术史的大门。

巨匠们的艺术成就、人生经历、精神高度，彰显了中华民族文化在这个时代所能达到的高度，不仅有文学艺术上和文化史上的价值，而且有人文思想美学上的划时代性贡献。《百年巨匠》可以增强我们的文化自信和实现中华民族伟大复兴的意志。

《百年巨匠》还有一个重要意义，它能够激励我们后来人砥砺奋进，勇攀高峰。这些文化艺术巨匠有着深厚的爱国情怀和强烈的民族责任感，他们将个人荣辱兴衰与国家、民族命运联系起来，用文化艺术去改变现实，实现理想。在新旧道德剧烈冲撞中，他们所表现出来的高风亮节是后来人的楷模。他们所传导出的强大正能量，会激励一代又一代广大读者，对促进我们整个民族新一代的教育与成长，有着非常重要的启迪意义。他们的精神是引领和鼓舞我们再出发的航标与风帆。

《百年巨匠》也给了我们很多的启示，可以帮助我们回答和破解“钱学森之问”。20世纪产生了那么多的大师，新世纪、新时期我们应该如何助推产生出新的大师？这些巨匠的成长轨迹给我们揭示了大师们成长的规律，如要深具家国情怀，要胸怀高远理想；要深深扎根于人民，与人民同呼吸共命运；既继承民族优秀传统文化，又要勇于创新；并以非常包容的心态去拥抱一切文明成果等。

《百年巨匠》仅反映了20世纪百年的文化形态和人文生态，我们应该把这个事业延续下去，面向21世纪。对艺术大师的发掘是通过他们的作品来体现的，而他们的作品既是中华文化的传承，又进一步丰富、创新了中华文化的构成。从这个意义上讲，宣传这些艺术巨匠就是弘扬中华文化。这些艺术巨匠作为中国名片，拥有较强的国际影响力，这一工程的推进，可以有效推动中华文化和中国出版走出去。不仅仅局限于艺术领域，还可以从广度上、外延上扩大至整个文化领域，甚至把科技、教育等领域的巨匠们也挖掘展示出来。

一个国家文化事业的繁荣与发展，既需要广大艺术家的努力，也需要大师巨匠的引领。宣传巨匠，推广大师，为时代树立标杆，无疑是我们责无旁贷的历史责任。巨匠之所以是巨匠，大师之所以能成为大师，是因为他们以具有强烈时代感和创新精神的作品站在了巅峰。而他们巨作的背后，是令人钦佩的工匠精神，这种工匠精神的发掘和弘扬在当下具有重要的现实意义。同时，这百年的文学艺术史已有的众多成果，从学术上也要系统总结。而长期以来一直困扰我们的一大难题，就是如何把这些重要的学术研究成果进行转化和再创造，使之成为可被大众接受、雅俗共赏的精品佳作。从这个意义上讲，《百年巨匠》丛书的出版也是非常值得赞许的。

当前，我们的文化艺术事业虽然取得了长足的进步，但是相对于时代的重任，人民的厚望，尚有作品趋势跟风、原创性匮乏、模仿严重等问题，希冀大家在《百年巨匠》作品中得到更多的启迪和感悟。

我们国家正处在重要的历史时期，为我们文艺创作提供了丰沃的土壤和广阔的空间。中华民族的伟大复兴，呼唤一切有为的文艺工作者，为繁荣中国特色社会主义文化、建设社会主义文化强国，奉献毕生的才华和创作热情，将高度的社会责任感和历史使命感化作文艺创作的巨大动力，创作出无愧于时代、无愧于祖国和人民的优秀文艺作品，让我们这个时代的文艺创作异彩纷呈，光耀世界。

目 录

第一章 顽皮童年：少小爱涂鸦 灵性满乡间

林散之天性顽皮，酷爱涂鸦。父亲故去后，林散之和母亲孤儿寡母，生活甚是艰辛，备尝人间冷暖。据闻，少年林散之某天困倦，伏在书桌上假寐，忽然梦见自己的父亲站在他的面前，眼中流泪，一边充满怜爱地看着他，一边厉声斥责道：『你还不赶快发愤读书？你还不赶快发愤读书？』林散之于梦中惊醒，出了一身冷汗，自此判若两人。

或许，受尽白眼的他，已经知道无忧无虑的时光过去了，自己必须成熟，励志向学，谋求生计。

伯父是总兵　父亲爱读书

林散之祖籍安徽省和县乌江七棵松，祖父本以捕鱼为生，后迁到江浦，仍操旧业。

家庭境遇的改变，来自于战乱。

1860 年，太平军攻破清军江南大营后，李秀成率部攻打苏州、常州、上海等地。湘军、淮军先后驻扎江浦，林散之的伯父林成兴因自幼臂力过人，被招募从军。

相关史料介绍说，林成兴“儿时帮富户放牛，下身围着麻袋当裤子穿”。但在介绍林散之的父亲林成璋时，说他“天性诚厚，无意功名，又不善理庶务，惟以读书消遣”。

历史总有许多被遮蔽的地方，若林成兴极度贫困，只是靠一把力气打拼，则林成璋同样没有理由从小成为一个读书人。

有资料显示，林成兴不但勇武过人，而且“善书”，文才也相当了得。也就是说，林成兴并非如通常史料所言，自幼贫苦，而是读过书，有着基本的书写和文化功底的。

林成兴在大同的两任长官，都是淮军，根据当时的史料推测，他当初也应该投了淮军，在淮军中一路成长，最终升为太原总兵。

在清代，太原总兵与大同总兵都是武职正二品，全称是“镇守总兵官”，掌一镇军政，统率本标，管辖所属协、营将弁，为重镇大臣。受本省总督和提督双重节制。清代总兵官也分为陆路和水师，全国共设陆路总兵衙门七十个，山西设太原和大同两镇总兵。

大同是屯兵、养兵的沿边重镇，西北战事一旦发生，首当其冲赶赴战场。

林成兴先后跟随马升、张树屏两位大同总兵在大同驻防，其身份是“代统树军总理营务处记名总兵、前直隶务开路赞勇巴图鲁”，后来在这个位置上，升迁为太原镇总兵。

《清实录》中记载了这样一段话：

> 山西巡抚刚毅奏。新授大同镇总兵黄金志，尚未到晋。请将太原镇总兵，署大同镇总兵林成兴，暂缓陛见。得旨、林成兴著照所请，暂缓来见。黄金志现在天津。著该抚咨行李鸿章饬令该总兵即赴新任。摺包。

《清实录》里还有另一段记载：

> 以功绩卓著，予故山西太原镇总兵林成兴，照国营立功后积劳病故例优恤，并附祀大同镇总兵张树屏专祠。从山西巡抚张煦请也。摺包。

由此可知，1889 年（光绪十五年二月），林成兴实际上在黄金志未能到任的情况下，以太原总兵身份署理大同军务，并未实际到任，其官方职务在死后仍然是“太原总兵”。

林成兴的老长官马升是包头城的建造者，马升在包头驻军打仗期间，患了搭背疮，遍寻名医却都没有治好，于是就来到妙法禅寺求签问药，没想到他的疮病居然很快就好了。1866 年，马升修庙还愿。

马升去任后，张树屏继任大同总兵。

林成兴的这位老长官“头品顶戴提督军门、总统淮练马步各军、山西大同总镇额腾额巴图鲁张树屏”，由于“居深报国，气血凝滞”，就在病中向吕祖祈祷发愿，“不日建帅病渐痊愈”。张树

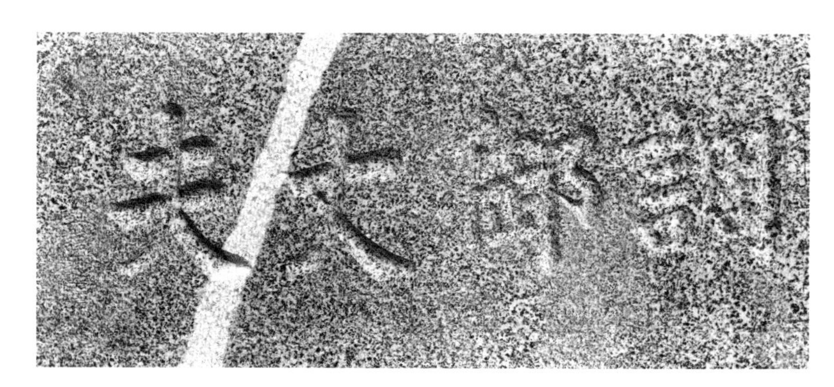

林成兴书“调御大夫”

屏、林成兴于光绪十年（1884年）联名同铸“敬惜字纸”焚纸炉赠给妙法禅寺。同年，林成兴题“调御大夫”（释迦牟尼佛号之一）石匾，笔力遒劲，不似普通武夫。

林成兴还为妙法寺亲笔题字“有仙则灵”，石匾置于妙法禅寺的庙额上方，至今这块石匾仍然清晰可见。

为了还愿，张树屏开建石窑敬佛。2011年，包头出土了《创建佛窑记》，记载了林成兴亲自率兵开建石窑的过程：“林公独率所带前营勇丁创建石窑，内供佛像。”这则碑记还赞扬了林成兴在建窑过程中，德行深厚，并不扰民，“无一文累及百姓”。

妙法寺寺钟

张树屏于1881~1889年任大同总兵，死后朝廷批准在山西省城建祠。林成兴在张树屏死后，以太原总兵的身份署理大同总兵军务。据闻，林成兴“以威猛刚介遭仇家暗刺，殒于任所”。逝后，亦得以在老长官张树屏太原城的专祠里“附祠”，享受供奉与香火。

其“建威将军”的封号，并不是生前拥有，应该是死后封赠。

清代的总兵官，每年的俸银 599 两 ，蔬炭银 140 两，灯红纸张银 160 两，养廉银 1500 两，总计 2399 两。

光绪十五年，以谷子、玉米、高粱计价折算，一石粮食（50 公斤）相当于银子一两六钱四分。宣统元年，南京江宁某处房产，坐北朝南楼房三间，加上天井一方，时值估价 120 两银子。

林散之的伯父林成兴虽然在太原当总兵，但妻儿均送往和县老家，与两个弟弟住在一起，估计俸禄也大部分用来养家，每年送回家两千多两银子，可保一家人衣食无忧了。

林散之的父亲林成璋先娶黄氏为妻，生了两个女儿后，黄姓妻子不幸早亡。林成璋又续娶了和县名门吴氏。

1898 年，林散之出生。

天生听力弱　“五呆”性痴顽

每一个成就不凡的人，都会被人们蒙上一层神秘的面纱，从他们的成长经历中，寻找出某些“天赋异秉”。

遗憾的是，幼年林散之几乎没有所谓的“天赋异秉”，只是略过顽皮，但与同龄的孩子相比，倒也相差不多。

林散之在家族兄弟中，排行第五，家里人给他起了个乳名“小五子”。不知道什么原因，生下来听力就有些障碍，所以不怎么爱说话，人们据此给他起了个绰号“五呆”。

林成璋 36 岁得子，对林散之钟爱异常。但他的顽皮也让林成璋十分头疼。

求雨山林散之纪念馆

林散之的后人在一篇文章里写道："父亲自幼憨痴，却意外地酷爱绘画。当时大家庭中并无一人会画，也无一人喜画。"

文章生动地记述了"五呆"幼年时的顽皮："父亲大约三四岁时，一次冬天晚上，祖父（林成璋）坐在床边桌子上记账，祖母带着他偎坐在被子里做针线。父亲只是顽皮胡缠，不肯睡觉。看见祖父出去寻找东西，便立即从床上爬起来，站在板凳上，抓起记账的毛笔就在账本子上画着人头、小猫、小狗，等到祖父回来，账本已经被画得一塌糊涂。"

林散之铜像（求雨山林散之纪念馆）

事实上，绘画是儿童对自然的一种模仿，几乎每个孩子都有"涂鸦期"，到了 4 岁左右，孩子们已经可以用简化的形式，来表现他眼中所看到的形象。人们通常认为，5 岁的幼儿能画完整的人，6 岁的孩子能注意到人体的比例。

因此，林散之在父亲账本上画人头的行为，并非"天赋异秉"，只是"涂鸦期"的正常反应。

林成璋有个好友，叫曾梓亭，花了五十两银子，买了一头高大的骡子，毛色发亮，闪着乌光，一条粗长的尾巴，是赖以区别其他骡子的标志。曾梓亭很喜欢这头骡子，走到哪里带到哪里，炫耀着他的财富，也炫耀着他的见识。

一天，曾梓亭骑着这头精壮的骡子来看望林成璋，把骡子拴在院门外的大树上，让人续上草料，就进院与老友恳谈去了，两人相谈甚欢，乐以忘忧。

早年画作之一

那时候的林散之，正处于“模仿期”，爱看戏剧的他，与小伙伴们玩着玩着，就和大家分起了工，扮演起了京剧里的角色。一群未经训练的乡村孩子，由着性子地扮演生旦净末丑，把一个打谷场，生生地玩成了没有边界的大戏台。

玩着玩着，“五呆”总觉得不尽兴，没有髯口，一群黄口小儿，咋拿京剧姿势，都感觉味道不对。看着大骡子甩动着长长的尾巴，在那漫不经心地吃草。“五呆”灵机一动，琢磨着给小伙伴们每人制作一个髯口，这样，打谷场上的戏剧模仿，就会陡然生色不少。

大骡子在乡村很常见，脾气并不温顺，惹了它，没准抬起蹄子就是一脚，踢中了可不是好玩的。“五呆”深知骡子的厉害，就和小伙伴商量，分工合作，智斗肥骡。

“五呆”家里杂物甚多，他找到一把剪刀，又找到普通人家少有的铝丝，做成了一柄钩子，然后让小伙伴把骡子从树上解下来，牵到大门口，骡子在外，尾巴在内，把大门虚掩上，轻轻夹住骡子的尾巴，然后把尾巴上的长鬃剪得一干二净。

处理完毕，“五呆”和伙伴们把骡子牵回原处拴好，就兴高采烈地把铝丝弯起来，再把骡子的鬃毛缠上去，做成髯口，戴在嘴上，像模像样地演了起来。

曾梓亭与林成璋意兴阑珊，准备回家的时候，突然发现骡子漂亮的尾巴竟然变得光秃秃的，大惊失色，捶胸顿足地大叫:“我曾某得罪了哪个?这简直是用刀子捅我的心！”

案子不需破，林成璋就知道是“五呆”干的好事儿，拿起一根棍子四处寻找“五呆”，果不其然，骡子那漂亮的鬃毛在“五呆”和伙伴们稚嫩的唇边飘荡着，诉说着童年的欢快。

早年画作之一

林成璋一棍子打在“五呆”身上，并高声责骂着。

闻声赶来的曾梓亭，这时候也知道了是林成璋的爱子“五呆”闯的祸，怕林成璋打坏孩子，追着来到现场，一把拉住林成璋说:“成璋，你儿子的命要紧，还是我骡子的尾巴要紧？”

林散之的母亲也闻讯赶来，护住孩子，怕震怒的林成璋下狠手，把本就身体羸弱的“五呆”打出个好歹来。

在众人的劝说下，林成璋终于放手，但还是气得额上的青筋直暴，直喘粗气，指着“五呆”骂个不停。

林散之十一岁的时候，有一个亲戚家有喜事，林散之吵着要去，父母亲经不住他的恳求，答应带他去玩，但要求他听话，守规矩。

在乡村，结婚是个难得的喜庆场合，复杂的婚礼程序也让少不更事的林散之觉得有趣，夜深人静，宾客散去，但少年林散之一颗不安分的心，却怎么也沉静不下来。

新婚之家，房屋都要粉刷一新，院里的一面白墙，在别人的眼里，是那么的整洁。但在林散之看来，仿佛在向他诉说着幽怨，希望他用那双惯于涂鸦的富有灵性的手，在白壁上画出神奇的动物和景物来，让一面沉默的墙，刹那变得喧嚣。

林散之趁夜深花睡，悄悄地爬起来，用刷子在白墙上画了一头肥壮的黑驴，昂首嘶鸣，惟妙惟肖。

天明，众人起来，发现院内的白壁上，一夜间生长出一头雄壮的驴子来，摇头摆尾，憨态可掬。

但驴子毕竟不是喜庆之物，画在婚房的墙上，人们还是觉得有些不伦不类。林成璋发现后，知道是自己的“五呆”又惹了祸，一边向主人赔罪，一边寻找着调皮的儿子，要用拳头教训教训他。

同来参加婚礼贺仪的曾梓亭一把拉住林成璋，替林散之说情：“你有这么才华出众的儿子，为什么要耽误他？诸位看看，这头驴在我乡有谁能画得出？对孩子要因材施教，我就喜欢他。要知道我那头骡子，尾巴毛被他剪掉，我毫不怪他。因为我那头骡子是不容易对待的，这说明他有头脑，顽皮得有出息。”

其他人包括办婚事家的主人也出来为林散之说情，林成璋这才饶过了“五呆”。

少年有勇力　独自乘风去

随着不断成长，少年林散之表现出了性格中的另一面：冷静、镇定，面对困难，有着超乎常人的忍耐力，不畏艰难，勇敢负责。

1909 年夏天，长江水位上涨，江水一直淹到林家所居的江家坂大宅门口，恰在此时，林成璋罹患疾病，母亲派年仅 12 岁的林散之去镇上给父亲抓药。

去镇上的路有两条，一条是走山路，来回时间较长，另一条路就是门前的水路。不管走哪条路，对于一个平素只知道在水里捕鱼摸虾的小孩子来说，都是一份艰难的任务。

林散之选择了后者，也许他并没有利弊上的权衡，即走水路可以早些把药抓回来，早些治好父亲的病，而风险又可以控制。

他的选择完全出于少年的天性，走水路可以又玩又完成任务，但又有着远超知识和经验的成熟。他找了一只比澡盆略大的小渔盆，带一把伞和一枝竹竿，就开启了一个人的江上漂流之旅：他仰卧在渔盆里，把伞打开，让江风吹着伞，形成动力，偶尔航向有了偏差，再用竹竿帮助，回到正常的航道上来。

林散之故居

小渔盆在大江里摇晃着，颠簸着，顺流漂向乌江镇。

有人看见了这一幕景象，赶紧去告知林散之的母亲。“五呆”不会游泳，虽然常在江边玩耍淘气，但毕竟没有驾驭风浪的经验，万一有风浪打来，马上会盆翻人亡，就是一旦操作不当，也可能连人带盆都扣在江里。

听闻“五呆”如此冒险，母亲急忙求人驾船去追，一直追到镇上也没有发现“五呆”的踪影，到了药铺，才看见“五呆”不慌不忙地在那里等着配药。

一直倚门遥望的母亲好不容易盼到“五呆”乘船回家，又急又气地抱着“五呆”就是一场大哭，以后再也不敢派这个身有豹子胆的孩子出去抓药了。

林成璋的病一直迁延不愈，长兄死后，他的双胞胎哥哥林成璧管家，对哥哥的为人处事方式，林成璋难以认同，在他百年之后，家人能否得到哥哥的善待，他也并不乐观，因此，在病中提出了迁出江家坂大宅、举家去别处居住的想法，获得了哥哥的同意。

1910年，林成璋带领一家人搬至离江家坂大宅约半公里的一处旧“庄房”居住，房子共两进，每进四间，加上厢房共十间。

分宅居住，却并未分家析产，兄弟两家以及长兄的孀妇和孩子，也都依靠长兄留下的家产生活。

坐吃山空，败落是迟早的事儿。

1911年，50岁的林成璋病故。临终前，床前托孤，但所托却不是自己的双胞胎哥哥，而是他的两个女儿，即林散之的大姐和三姐。

林成璋不放心地对两个女儿说：“你们只有这一个弟弟，一定要尽力帮助他成人。

第二章 痴心学画：才得粟庵笔 又学宾虹墨

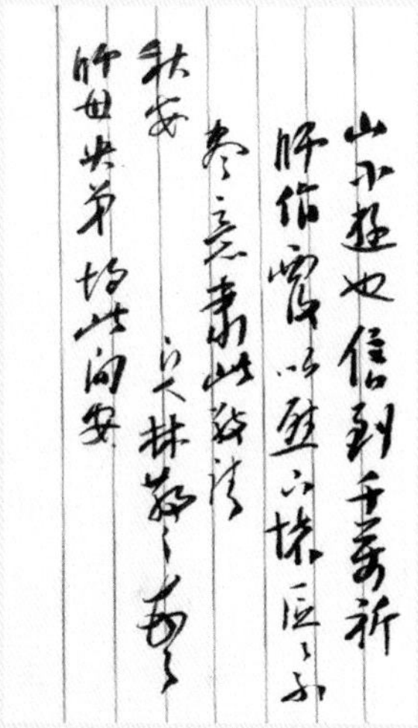

林散之跟随范培开学习书法，为他一生的书艺创作打下了良好的基础。林散之在回忆从艺生涯时说：『我从范先生学书法，得益颇大。我用悬腕写字，全亏范先生教导。本来我写字是伏在案上，全用笔拖，不懂也不敢悬腕。从范先生学书后，方懂得悬腕用笔之法，悬腕才能用笔活，运转自如。』

用『悬腕法』执笔，是林散之书艺成就的独得之秘。虽然也有其他人善用此法，但由于林散之辅之以自制羊毫笔，加上一套破墨之法，征服了日本书家。

含辛做学徒　疮疥长满身

林成璋对“五呆”的顽皮，一向是又爱又无奈。但毕竟胸有斗墨，发现了儿子在艺术方面很有天赋。生前曾经对人说：“小五子顽皮虽顽皮，但画画得还不错，今后这方面可能有点出息。”

没想到，这句难得的表扬话，被恰巧路过的“五呆”听到，内心里喜悦非常，也把父亲的夸奖，当成了一个人生目标。据说，直到九十多岁，林散之还记得父亲的这句话，并常常向家人回忆此事。

父亲50岁那年因病故去，林散之无人管束，就被送到县城外婆家，跟随一位姓陈的廪生读书，虽然时间较短，但为林散之打下了良好的文史功底，临写功课也有人监督，不致偷懒。

林散之在《书法自序》中说：

> 唯自孩提时，即喜弄笔。积其岁年，或有所得。缀其经过，贡采览焉。余八岁时，开始学艺，未有师承。

这段“夫子自道”，表明陈姓廪生并未教会他什么有用的东西，至少在书艺方面是如此。

林成璋离世后，生前好友曾梓亭对林散之非常关照，对林散之的母亲说，小五子种田无力，经商无能，在家闲读，也不是办法，好在能画几笔画，也算是有些天分，他父亲生前对此也有所期待，不如就送他去拜师学画，以后也是一个正经的谋生手段。

曾梓亭有个好友叫张青甫，在南京开画馆，小有名气。他愿意介绍林散之前往南京，跟随张青甫学艺。

林散之的母亲觉得有道理，就给儿子收拾了些换洗衣服，让曾梓亭带着林散之去了百里外的南京。

林散之自己对这段经历如是自陈：“十四岁先父去世，家道骤落，遂辍学。遵先父遗言，以余生资鲁钝，既不能业商，又无力入学上进。经父友曾君荐，从南京张青甫先生学画工笔人物。”

林散之的女婿李秋水在谈到岳父的这一段经历时，同样是几句简短的描述：十四岁至南京从张青甫先生学画人像谋生。白天随师学画，夜晚自学《人物十八描》《头像三百法》，并练字、背唐诗、读古文，夜深不辍。

但实际情况，却远比这段描述艰辛得多。

林散之的后人说，父亲在学艺期间，伙食自理。因此，“父亲每餐仅以小菜下饭，偶尔买一块豆腐干佐餐，已是珍肴。同村人沈长全运米来南京出售，见到父亲这样苦，想到成璋遗此一子，生前视之如命，今受大家庭虐待，沦落至此，心甚怜恤，赠两块银元叫父亲改善生活。父亲哪舍得用，用线缝在内衣里，密藏起来”。

通过这段描述，可知林散之十分懂事。寡母在家，自己孤身在外学艺，每一分钱都恨不得掰成两半花。

尽管生活清苦，林散之却非常勤勉。“父亲在画店，从早到晚，每日扫地、抹桌、冲开水和做一切杂务，有时还要去张青甫家做杂事。白天没有片刻闲时，直到晚上关上店门，才能学画人像。开始照着九宫格子学放大，逐步用炭笔勾绘人像各部轮廓，最后学画光暗部分。每晚都要勤奋临摹到深夜。”

林散之初到南京，只是学徒，通常来说连入门功夫都没有掌握，但聪颖的林散之却让师傅刮目相看：“张青甫开头以为父亲是个乡下孩子，扑扑愣愣，有点呆，哪知父亲画人像、勾轮廓，很熟练。又见父亲写得一手好字，凡顾客画像要题字的，不论真草隶篆，父亲都行。张青甫大为欢喜。遂悉心教他起稿用笔诸法，并教他工笔画。”

除了跟随师傅苦学，林散之自己还自学，在旧书肆买得《人物十八描》《画人像三百法》《传神秘要》等书，灯下仔细阅读临写，进步很快。

因为人品好，聪明好学，张青甫很器重他，更加精心地教授林散之。后来，林散之带艺投学黄宾虹，受到黄宾虹赏识，与张青甫的悉心教导和他自己的刻苦努力，都是分不开的。

大约是营养不够，更主要是居住条件太差，1913 年春，林散之不幸患了满身脓疮，于是请假回乡探望母亲。

林散之的后人们记述说，“祖母见父亲已变得骨瘦如柴，满身脓血，目不忍睹，伤心至极，抱头痛哭不止”。

让人感慨的是，尽管终日以小菜佐餐，且又身患疮疾，但沈长全救济他的两块银元，却始终没舍得花。这回省亲，才亲拆衣袋，交给母亲，惹得母亲又是心疼，又是怜爱，更是泪水涟涟。到林散之脓疮稍愈后，死活也不肯让他再外出吃苦。对林散之说:“你就不要再去南京了，不如在家继续读点书，今后教几个学生糊糊口算了。”

潜心学书艺　师法范培开

回到家乡的林散之开始潜心学习诗文，并给自己取了个号，叫“三痴生”。

在《诗稿自序》中，林散之写道：以故结识乌江范柳堂先生学时艺，并识乌江范培开先生学书法。

李秋水曾有文章记述林散之的这一段经历，从南京回到乌江后：（林散之）在家自学，并从乌江廪生范柳堂先生学古诗、文、词，从著名书法家范培开先生学书法，未满十六周岁时，将其习作诗词一百余首装订成册，名《三痴生吟稿》。

林散之次子林昌庚写文章对父亲的第一本诗集做了详细的补充：

> 这本诗集手稿共二十七张纸，纸张是当时我们家乡农村学生练毛笔字的“竹纸”。这种纸很薄，质量很差，现在早已不生产了。稿本的纸张是双折成大约相当于现在三十二开纸张的大小。纸张两面写满了父亲那时所作的旧体诗一共一百一十七首，都是用行书或正楷书写。大部分诗都直接在稿本上作过修改，有的诗修改得很厉害，有的则改动很少，也有的完全未改动。诗集的封面，是他用正楷书写的“古棠三痴生拙稿”，下钤自刻印章“三痴生”。第二页是他用正楷书写的自己当时的名字“林霖”，下钤自刻印章“痴墨”。封底是他用行书写的“甲寅九月十三午时”。

诗稿中，有一首他在姐夫的家塾中写就的小诗并序：

余设帐卜家集小夏村于季春上弦傍晚独步荒原，见野花郁郁，新月纤纤，因而有感，遂笔记之。

夕阳西下渐黄昏，
散步荒原气尚温。
馥郁野花红拂地，
迷离幽草绿侵门。
一弓新月凉无影，
半亩寒烟湿有痕。
几处流莺归翅晚，
柳堤清唱逗诗魂。

“流莺归翅晚，清唱逗诗魂”。诗意盎然，意境幽深，难怪范柳堂称誉其诗“词旨清婉，用典浑切，凤鸣高冈，自非凡响”。

江浦卜家集小夏庄村有清明鸡蛋换诗的习俗，但林散之是外乡人，对这一习俗并不了解，清明时节，林散之没有写诗，村民认为他不会写，因此没有人拿鸡蛋去找他换诗。

知道内情后，林散之作诗四首，并写了一个短序，介绍原委：

余设帐卜家集小夏庄，其村有清明鸡蛋换诗故事，余不谙此风习。村人谓余无诗难以赠蛋，余乃作《清明诗》四首。以赠诸弟子，免村人笑我拙云。

试选两首，以见其才。

其一

清明时节雨凄凄，

水满平湖草满堤。

忙煞营巢双燕子，

飞来飞去日衔泥。

其二

春郊无处不芳菲，

柳正摇青草正肥。

珍重诸生须发愤，

寸阴是惜莫相违。

第一首描摹了小夏庄村春日安祥静谧的和谐景象，叙写了草长莺飞、燕子衔泥的美好画面，以燕子营巢隐喻村民勤劳，以双燕隐喻恩爱的农家夫妇，以飞来飞去的繁忙，表达对村民辛劳持家的赞美。

第二首诗则是传统的惜时劝喻诗，让学子们珍惜光阴，发愤力学。

对于自己的诗歌成就，林散之颇为自得，晚年自谓“诗第一、画其次、书又次之”，他84岁时，为夫人和自己选定墓地后，自书碑文：“诗人林散之暨妻盛德翠合葬之墓”。

林散之先生的诗集《江上诗存》出版时，启功先生有一篇序，对林散之先生的诗作，以嘉言美之：

近世文人之作，趋向大约数端：学邃功深者，时呈僻涩；才清力弱者，但饰风华；而画家吟咏，又多蒙盆景之诮。窃谓诗与画本同功，凡有意求工者，最易落作家习气。伏读老人之诗，胸罗子史，眼寓山川，是曾读万卷书而行万里路者。发于笔下，浩浩然，随意所之，无雕章琢句之心，有得心应手之乐。稿中自注最爱宋人之诗，如勉求近似者，惟杨诚斋或堪比附。然老人之诗，于国之敌，民之贼，当诛者诛，当伐者伐，正气英光，贯穿于篇什之中，则又诚斋之所不具，抑且有所不能者也。

杨诚斋即南宋诗人杨万里，有无数名句传世，人们耳熟能详的有“毕竟西湖六月中，风光不与四时同。接天莲叶无穷碧，映日荷花别样红”以及“泉眼无声惜细流，树阴照水爱晴柔。小荷才露尖尖角，早有蜻蜓立上头”。

杨万里的另一首诗《宿新市徐公店》，也常被用作童蒙读物，小学语文课本亦选编入内：

篱落疏疏一径深，枝头花落未成荫。儿童急走追黄蝶，飞入菜花无处寻。

显然，启功对林散之诗歌的评价，可谓不低。但以启功作文风格来看，“随意所之，无雕章琢句之心”这样的评价，是否为春秋笔法，似未可知。

启功晚年，有后学问道，言及林散之等书法家为何自况“诗第一”，他说，这大约是一种“避暑趋凉”心态。

启功解释道：把热闹的撂一边，专拣那凉快的说。书画债多压人，沈尹默先生、散之老、费新我先生生前都有“铜钱债易偿，书画债难逃”之叹。如今去也，阿弥佗佛，只求安宁，称作诗人，请勿打扰，自然消停不少。

从散之老为人处世看，他逝后希望大家称“诗人林散之”，多

书自作诗 1914年

半是属于第二种。

范培开与林散之的关系较为复杂，他年齿高于林散之，但与林先后拜范柳堂、张栗庵为师。既是林的老师，又与林出于同门。

1904年，张栗庵出任莱阳知县，30岁的范培开随同上任，兼管印鉴文书，实是门客身份，可见张栗庵对其十分信任与赏识。

张栗庵是范培开的师长，并非朋友，这一点十分重要。晚清的社会秩序虽然由紧结变松动，但并未崩溃，张栗庵是知县身份，而范培开不过是学生兼衙署幕僚，二人虽有诗艺交流，但范培开对于张栗庵，只是侍奉与听命。

林散之与张栗庵的关系相对单纯，只是师生，不是知县与僚属的关系，相处起来，可以更加自在。

范培开伴随张栗庵游历名山，先后去了黄山、九华山、琅琊山。两人喜好相同，边赏胜景，边观摩山上的碑刻铭文，师生都是识家，又都是颇为自负的书家，这样的宦游之旅，于双方大约都是快乐的。

据乌江地方志记载：

> 回乡之后，他（范培开）深居简出，终日埋头书法研究，兼悬壶行医，设帐开馆。他以书养志，以墨抒怀，淡薄功名，超然物外，专心致志，寄情书海。对历代书法大家之碑贴，只求其神，不囿于形，做到入而出之，既大胆师承，又敢于创新。特别是当他追踪前贤"余径而学之"。

林散之有个范姓亲戚，把他介绍给范培开，看了他的书法习作之后，范培开很器重他，悉心教导，冀望成材。

林散之的儿子林筱之著文描述了父亲跟随范培开读书学艺的经历：

> 我家亲戚范管臣伯伯见父亲书画有点才气，就介绍他从范先生学习书法。范先生非常器重我的父亲，说他将来会有出息。于是教他执笔之法，并教他学书要先从唐碑入手。父亲开始学柳公权，后来，范先生送一本颜真卿的李元靖碑给他学。

结识范培开，是林散之人生中的重大事件，他自己说："我从范先生学书法，得益颇大。我用悬腕写字全亏范先生的教导。本来我写字是伏在案上，全用笔拖，不懂也不敢悬腕。从范先生学书后方懂得悬腕之法，悬腕才能用笔活，运转自如。”

范培开一度远赴上海寻求发展，1913年，在上海国家展览馆举办的全国书法大赛上，范培开名列第二，与沪上知名书家唐驼相善，过从甚密。

为求生计，范培开还在《申报》上刊发过广告：乌江范新村先生，素精岐黄，工书尤力。年逾知非，足罕近市，殆所谓专门名家也。五体皆备，隶有霞舒云卷之姿，草有鸿戏蛇惊之态。

上海滩知名的书画刊物《神州吉光集》，也曾刊载过他的作品。

乌江地方志书评价他：

> 对汉魏唐宋历代书法名家臻取精弘，博取众长，自成一家，形成自己特有的豁达大度、宏远精深、雄浑泼辣的艺术风格。并且，对正、草、隶、篆各体，无不涉猎，且得心应手。楷书入颜柳之法度，而气蕴沉雄，遒劲宏深；草书扬素旭之韵味，而磅礴洒脱，意气纵横。

成名之后，林散之根据自己的经验，认为书法各体习练，是有路径可循的。“学楷书之后，应由楷入行，不能一步就入草书。不然，易于狂怪失理，钉头鼠尾，诸病丛生。”

对于范培开的书艺之路，林散之深为叹惋，“范先生可惜没有走这条路（由楷入行），学唐碑之后就攻草书。当时就有识者评他太狂、太怪了。一步之差，终身不返”。

林散之连用了两个“可惜”，表示对范培开终未大成的遗憾。

谋生教家塾　幸识张栗庵

林散之自幼顽皮，但体质欠佳。自南京返乡后，戮力于学，身体便感不支，经常头晕，十分瘦弱。因此，他决定习武强身。

林散之的伯父本是武官，宦游在外，曾经派回一个武艺高强的保镖谭师傅护宅。

林散之的后人们撰文说：谭师傅是山东人，身材魁梧，一生未娶。林散之幼时亲眼见过他许多惊人的武艺。他力大无比，却又身轻似燕，惯使一口单刀，十数枚铜板堆叠起来，可一刀劈为两半；以弹击物，百步之内，弹无虚发，人称"神弹子"。林散之说他多次看到谭师傅越过高墙或跳上房子，但不是凌空跳上去，而是先跑几步，顺力用脚在墙上踏几步，借势一纵身，双手按住墙头或屋檐，借助臂力翻越高墙或跳上房子。林散之的伯父从谭师傅学武，也能轻易地用上法跳过一丈多高的墙，但不能上屋。

据说，林散之"幼时老缠着谭师傅要学武功，由于太顽皮，谭师傅怕他学得真本领会闯祸，始终不肯教他"。

也许正因为有了这样的童年经历，才使他对学武之事耿耿于怀。其时谭师傅已经去世，林散之便每月花两元学费，向乌江镇一位卖拳艺的师傅学习。

据说，"经过两年苦练，还真的练出一些真功夫来。膀子运起气来，能顶得住别人用铁锤打，身体变得相当强壮了"。

习练武艺，对林散之的人生影响非常大，正是凭借这个能力，他去姐夫家给外甥女当塾师兼保镖，年薪一百银元。也是凭借好身体，他后来才能够万里壮游，见识名山大川，妆点胸中丘壑。同样，凭借一腔勇武，他才敢与伯父分家，为寡母和自己赢得了尊严和独立。

据有关资料介绍，林散之的姐夫范期仁在当地是个巨富，怕盗匪抢劫，大门常年关着，院墙还拉了铁丝网，这在那个年代，还是极其罕见的。

尽管防范森严，范期仁也不敢掉以轻心，一儿一女的教育，不敢送到外面的学校去，也不敢随便请塾师来家，怕被人做了局，塾师与外匪内外勾结，劫其家财。

林散之习武之后，在乡里也小有名气。

对于姐夫来说，他是个极好的塾师人选，既是亲戚，又有文才，还能够防匪护家。范期仁的后人记述说，“他有功夫，几个小伙子上不了他身。”

范期仁聘任林散之，待遇极厚。不但给他一百银元的年薪，还给他额外的补贴。范期仁家田产甚多，每购新业，便请林散之代写田契，第一次写契，竟然给了林散之八十银元，相当于他全年薪酬的大部分。

笃爱书画的林散之拿着这笔巨款，马上汇到上海有正书局，购回一批新出版的珂罗版精印书画册。“如获至宝，终日观摹临习，不忍释手”。

入范期仁府做塾师，是林散之人生重要的转折点，不但解决了生计问题，还经范期仁介绍，拜当地名宿张栗庵为师，改变了他一生的命运。

关于拜师的细节，范期仁的孙子范汝寅在致邵川先生的信中，说得很清楚："我祖父范期仁，号丽辉，对林老十分器重，有一天，他跟祖母说：'聋子很有才华，有出息，有前途，我推荐他跟培开学书法，跟张栗庵先生学古文辞。'祖母说：'好！'这就是林老学文学艺的起点。"

但该说与林散之长子林昌午的说法，略有出入。林昌午说父亲经由"亲戚范管臣伯伯"介绍，就学于范培开门下，时间也早于拜师张栗庵的时间。

张栗庵，名学宽。当地县志说他：生而颖异，读书过目不忘。弱冠以前，已博览群书，熟读经史百家。走科举之路，每试辄名列榜首。在"废科举，兴学堂"之前一年，光绪三十年（1904年），张栗庵赴京应试，中进士。据传当时张栗庵会试的那份试卷，主考官阅后赞叹不已，曾呈送慈禧太后亲览。获取功名以后，旋即奉派到山东任知县。

张栗庵首任山东莱阳知县，范培开随同赴任。后迁泰安知县。

在泰安时，恰值莱阳暴乱，他受山东巡抚孙宝琦的委托，往莱阳查明原委，在上报的公文中，张栗庵报告莱阳县"贼踪遍地，行人已断"，并说，"该处皆有逆党安放哨卡，遇有行人，即绑缚，搜遍有无公文"。

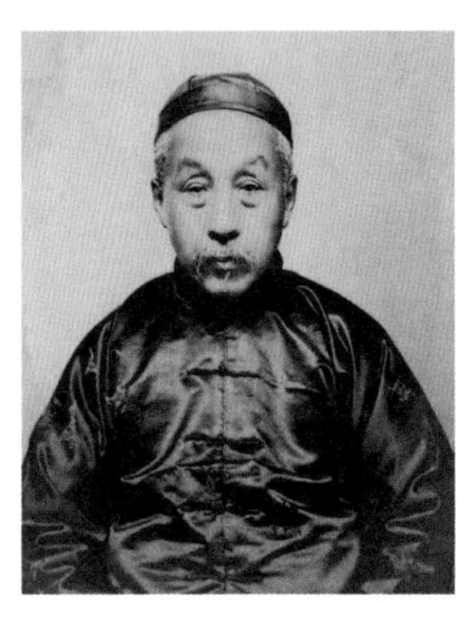
张学宽（栗庵）像

张栗庵在文化上略保守。任泰安知县时，留日学生徐树人（时任山东高等农业学堂教员）等捐款在岱庙门楼创设泰安博物馆，以文化启蒙，传达近代科学知识为宗旨。当时的媒体报道说："泰安图书社诸志士，近自东洋购到博物多品，拟创设教育博物馆一所，以资浏览而开知识。”

这些“博物品”包括动物标本 74 种、矿物标本百种、生物标本 10 种，以及植物图画、天文图、世界十杰图、地球仪、世界人种模型、人体解剖图等。

山水画

宣统元年（1909 年），泰安知县张学宽（栗庵）以“有失风化”为由将其取消，所有图物并入当时的泰安府官立中学堂。

辛亥革命后，张栗庵“谢政返里，购置田庐，专事著述”。

当地县志介绍说：中年以后，学宽（栗庵）锐意学医，终成为远近闻名之儒医，许多疑难杂症，垂危病人，经其诊治后起死回生。有一年含山大疫（霍乱流行），四乡病人向其求医者，每日近百人，由是医名大振。学宽给穷人看病，不计脉金，对赤贫户还免费给其治疗，甚至自己拿钱替病人买药；但对富有之家，索价很高，他常对人说：“此乃掳富济贫之术也。”学宽集有《验方汇编》，收有古今医治疑难杂症 200 多例。

介绍张栗庵是地方名医，并非闲笔。

1918 年，林散之 21 岁时，生了一场大病。

林散之有位堂兄，叫林以韩，是伯父林成璧的长子，自读医书，但无名师指点，也无具体实践经验，虽也偶尔给人瞧病，但鲜有良讯。见独子病重，林散之的母亲欲延良医，但林散之却认为堂兄学问博杂，专治医典，或许会妙手回春，坚持让母亲去请堂兄来把脉开药。

结果可想而知，一剂虎狼药下去，林散之七魂八魄都失了大半，林以韩也吓得面无人色，看着病榻上的林散之说：不行了，没救了。

魂魄悠悠的林散之以为自己到了人生的诀别时刻，昏沉中口占了一首绝命诗：

此夕皋兰尘梦远，他年湘竹泪痕多。
未成风雨溪山愿，半卷飘零可奈何！
病里犹思湘水月，梦中苦忆洞庭波。
画缘未了今生愿，墨债留为来世磨。

还是林散之的母亲爱子心切，不敢相信儿子真的没救了，借了邻居的一条毛驴，让人骑上，星夜去请张栗庵。

听闻得意门生病危，张栗庵五内俱焚，快驴加鞭赶到林宅，看到了林以韩的药方后，一声长叹。

当时，林散之高烧不退，且热度烫人，唇焦舌燥，林以韩把门窗关得严严实实，让林散之身上穿着棉衣，再盖上棉被，想通过“捂”来发汗退烧。

张栗庵到了以后，采用的方法是“散”，把棉被揭开，棉衣换掉，门窗打开通风，还用冷毛巾敷额。

一边观察，一边迅速开了药方，派人去乌江镇抓药。药抓回来后，张栗庵嘱咐用大砂锅煮好后，像茶一样，不断地给林散之灌下去。

张栗庵守候在床边，须臾不敢离开，一会儿就摸一摸，看一看。黎明的时候，林散之能够开口说话了，说口渴要喝茶。

至此，张栗庵才松了一口气。

经过张栗庵的悉心调治，大约月余，林散之大病痊愈。

张栗庵书法与绘画

据黄茂金、朱冰撰写的文章介绍：张栗庵家有藏书六七万卷，装满书斋，名曰“观复堂”，内有大量碑帖。林散之根据张先生指点，每隔一段时间从“观复堂”中选取书籍攻读，读完再换，大有长进。林散之的第一部学术著作《山水类编》，就是在张学宽的指导下完成的，这使林散之打牢了学者型的艺术家根基。

“张学宽不仅对诗文很有造诣，而且在书法、绘画方面也是行家里手。林散之在学书画过程中受其指点、帮助，受益匪浅。”

林散之原号“三痴生”。张学宽取“三痴”谐音，为其改名“散之”。

晚清之时，安徽办有敬敷书院，各县推选优异人才，入内学习。张学宽、黄宾虹于此结为至交。

黄宾虹的相关资料也记载，“1897 年，敬敷书院新舍落成，郡守以高材生荐入院。1898 年，于敬敷书院肄业”。

据此可以判断，两人在一起同窗的时间并不长，且境况不同，张学宽科举高中成为进士，而黄宾虹则以“肄业”的身份中断了科举之途。

对于画艺上的进步，林散之偶有自得之色，某日，持画作《陶渊明醉酒图》，请张学宽指点。本来想听到老师的赞扬之声，没想到，老师却对他很失望，并对他说：“学者于三十外，诗文书艺，皆宜明其途径。若驰骛浮名，害人不浅。一再延稽，不可救药。口传手授，是在真师。吾友黄宾虹，海内知名，可师也。”

林散之当时的态度是“悚然聆之”。

对于画艺的向往，让林散之欲罢不能。经过权衡，他辞去待遇优厚的教职，收拾行李，手持张学宽的推荐信，前往上海。

黄宾虹研究专家王中秀根据黄宾虹书信，基本确认林散之到达上海的时间为1929年底或者1930年初。

据邵川先生研究，林散之赴上海前，曾经与黄宾虹有较长时间的书信往来。王中秀先生认为，通信时间约为半年之久。

在写给黄宾虹第一封信的时候，林散之精心临绘了十几幅画作，有山水，也有人物，与张学宽的信一起寄给了黄宾虹。

黄宾虹在回信中说：

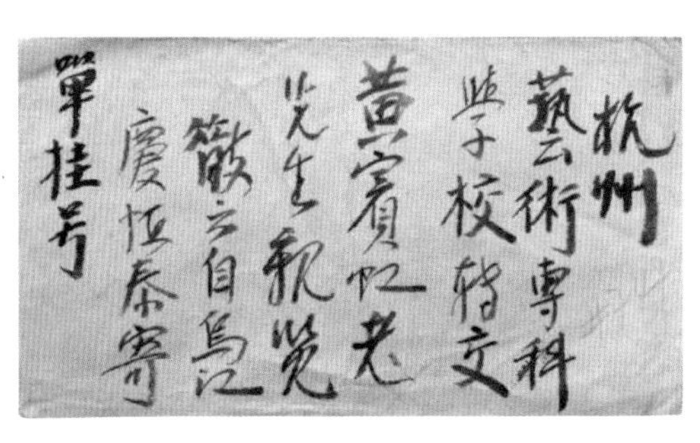
杭州
藝術專科
學校轉交
黃賓虹老
先生親覧
散之自烏江
慶恒泰寄
單挂号

林散之致黄宾虹信函封皮　20世纪50年代

散之先生大鉴：顷得栗庵君函，并瞻大作山水画，才气磅礴，极为钦佩。明程青溪谓柳公韩画笔力能扛鼎，更

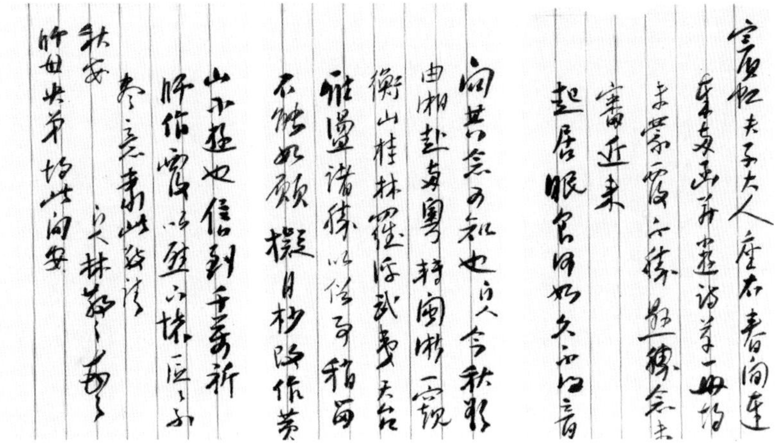

林散之给老师黄宾虹的信

劝其作工细画，由细入笔，而后可言粗豪。故元人皆从唐宋筑基，自董玄宰后渐流轻易，清代画多薄弱，职是之因。内地唐宋画不易觏，可多对古树疏柳，不厌其繁复而临写之，精进将未可限量。妄谈博笑。专复，此请道绥。黄宾虹顿首。容后作拙画奉答雅意，又及。

黄宾虹之所以从程青溪（程正揆）谈珂罗版画册，是有其缘由的。当时，黄宾虹在神州国光社当编辑，出版过程青溪、柳公韩的画册，原作的样貌，他一定是见过的，大约笔法墨法皆有，但到了珂罗版，可能细微处都难以展现了。因此，才有这一番宏论。

董玄宰即董其昌，他的画师法董源、巨然，也不能说未以唐宋筑基，骤以“渐流轻易”来评价董其昌，黄宾虹还是太冒失了。

古画难求，一睹不易，黄宾虹给出的方法是临写古树疏柳，这是当时流行的西洋画写生之法，与中国古法相去甚远。

可见，黄宾虹自己的方法论也是矛盾的。

林散之收到信后，心情忐忑，黄宾虹的来信中，对收徒一事，一字未提，因此，再次致信询问：

霖家贫失学，无所自立，从含山张栗庵先生游，始识学问之途，然优游不自努力，于学毫无明白。唯书画素所爱慕，颇自矜怜，乃欲有所成就，副其初心，顾乡居僻远，既不得名师良友，以为砥砺之资，复未能睹先贤遗迹，藉作观摩之助。不过于古人论画诸书，窥其遗绪，于近代影印版本，想其仿佛。虽用力愈深，而去道愈远，所谓扣槃扪烛，转失之矣。辱蒙雅爱，不见摈斥，谆谆教以用笔用墨之法，又示以观古人真迹为最。感谢之余，继以惭愧，唯是穷乡之士，多所艰难，睹影印本且不易得，况真迹乎？睹清代墨迹且不易得，况唐宋之真迹乎？

林散之是个质朴的人，信中所说，皆自己胸中难解之忧。信的结尾，明着在说僻居乡里一睹古画真迹不易，暗里，似乎在请求黄宾虹给他一个到上海去看真迹的机会。

不看真迹，则越努力，离道越远，这是林散之的困境，也是他的无奈。

黄宾虹的回函里，也谈到影印本的问题，认为珂罗版影印本，难学笔墨。因为笔法变化，行草参杂，虚实相间，影印本是看不出来的。墨也不只是浓淡两般，而有积墨、破墨、泼墨、焦墨、宿墨诸种，不看真迹，则只得其形，未得其神。

信中，黄宾虹仍然在强调“影印品仅供人研究画稿之用”，然后还煞有介事地问：“大雅以为然否？”

比较两个人的信函，则可见林散之更纯粹、更见真性情。

拜师黄宾虹　上海求画道

黄宾虹生时，画名不显，张学宽（栗庵）可谓少有的知黄宾虹者。而林散之到达上海拜师的时候，也是黄宾虹人生的重要转折点。

此前，他是一个革命者，艺术研究者及画家身份，只是暂以谋食的手段。

甲午战争失败后，中国进入了一个图强自存的时代。觉醒的知识分子与有识之士，开始谋求变法革新。

黄宾虹在扬州任两淮盐运使署录事时，即通过朋友关系，读到了康有为《大同书》的初稿，深受康有为、梁启超思想的影响。

1895 年，“公车上书”事件爆发，康有为成为举国尽知的革新派。黄宾虹致信康有为、梁启超，畅谈自己对时政的理解。这一年春天，谭嗣同开办煤矿，准备实业救国，4 月 17 日，中国因甲午海战失败，被迫签订《马关条约》。

谭嗣同放弃实业救国，转而走向呼号“变法”，提倡新学，在浏阳设立算学格致馆，介绍西洋科学知识，并广招人才，以为同志。

经萧辰介绍，黄宾虹与谭嗣同相识。面晤期间，谭嗣同反复强调“不变法，无以利天下”，并提出：“国要开关，女要放足，只要关开，足放，吾国不强而强。”

黄宾虹对谭嗣同非常钦佩，称赞他：“真是个豪侠之士，不怕天，不怕地，见义勇为，维新爱国，以至不惜头颅，可敬可佩。”

1898 年 9 月 28 日。谭嗣同与杨锐、林旭、康广仁、杨深秀、刘光第等人被杀。但由于信息传递太慢，直到同年霜降以后，黄宾虹才知道谭嗣同殉难的噩耗，痛哭不已，并作挽诗，称颂其“千年蒿里颂，不愧道中人”。

1899年春，黄宾虹被人控以“维新派同谋者”罪名，有司派员捉拿。幸好他事先得知情报，立即逃离，四处奔波，无处安身，最终还是秘密潜回家乡。

1905年，40岁的黄宾虹应歙县“新安中学堂”之聘，担任国文教席。任教期间，与朋友组织纪念黄宗羲的“黄社”。1907年，为了给革命党筹集军费，他同组织里的人一起支起机器，铸造铜币，不料被人告发私铸，清政府下令严缉，黄宾虹得讯化装出逃至上海，从此在上海定居。

严格来说，逃难到上海后，黄宾虹才开始专门从事艺术研究与创作。1908年，他编辑《神州国光集》及各种书画册，并在《国粹学报》连续发表《宾虹画论》《宾虹杂著·叙村居》。1909年，黄宾虹加入“南社”。

1911年春，黄宾虹与人合编出版《美术丛刊》。研究者认为，这意味着黄宾虹逐渐从政治人物转向艺术人物。

此后，黄宾虹在上海出版界成为职业编辑和艺术评论人。1912年，任《神州日报》笔政，并获邀参加高剑父、高奇峰兄弟创办的《真相画报》的编辑工作，以“颀厂”为笔名发表了11篇艺术评论。1913年，有机会与吴昌硕一起合作创作《蕉石图》，黄宾虹补石。1915年，黄宾虹任上海《时报》编辑，并于同年创办“宙合斋古玩书画店”，其主编的《神州国光集》以及《美术丛书》，都获得市场的认可。

1929年的年底，或者1930年春，林散之从乌江负笈前来拜师。

评论界通常认为，直到1929年，黄宾虹还一直在上海“寂居”。评论家胡英暖认为，黄宾虹一直严守传统士大夫不言阿堵的精神，过着清寂文人的生活，在其50岁之前几乎没有任何名气。

也正是在这一年，第一届全国美术作品展览举办，黄宾虹不光是组织者之一，还是评委之一，并就美展的情况，发表了重磅文章。

范曾《黄宾虹像》

黄宾虹在《美展国画谈》中提倡士大夫的逸品画格，以为不必术悦于人，人不知而不愠，才是真画者。希望画者能坚持避俗趋雅的操守，力求华滋浑厚的画风，不要因一时俗世弃取而改变。因此引起了广泛争议。

黄宾虹《美展国画谈》一文中，还明确地阐述了他的画学主张，“我邦书画同源，具详史志，流派变迁，重在笔墨，师承有法，千古不移”。

黄宾虹研究者童中焘认为，1929年是黄宾虹人生的分水岭，他把最旺盛的情感投放到笔墨世界，秉持历史担当和使命精神，重新唤起我们对中国文化精神的重视。当他在1929年面临“革命”和“遗老”两个选择时，最终用书画形成了自己的突破。

可以说，林散之前来拜师的时候，正是黄宾虹突破自己的艺术苦闷期，获得艺术界广泛关注的时候。也正因如此，他向初见面的林散之明确传递了自己的画学观念，毫不保留地传授了用笔用墨之法："凡用笔有五种，曰锥画沙、曰印印泥、曰折钗股、曰屋漏痕、曰壁坼纹。用墨有七种，曰积墨、曰宿墨、曰焦墨、曰破墨、曰浓墨、曰淡墨、曰渴墨。"

又曰："古人重实处，尤重虚处；重黑处，尤重白处；所谓知白守黑，计白当黑，此理最微，君宜领会。君之书法，实处多、虚处少，黑处见力量，白处欠功夫。"

对于黄宾虹的教诲，林散之如闻天雷。

多年后，他自己总结说："平时虽知计白当黑和知白守黑之语，视为具文，未明究竟。今闻此语，恍然有悟。即取所藏古今名碑佳贴，细心潜玩，都于黑处沉着，白处虚灵；黑白错综，以成其美。始信黄先生之言，不吾欺也。"

黄宾虹还根据自己的观察、研究，把书学秘密全部告知了林散之。

> 用笔有所禁忌：忌尖、忌滑、忌扁、忌轻、忌俗；宜留、宜圆、宜平、宜重、宜雅。钉头、鼠尾、鹤膝、蜂腰皆病也。凡病可医，唯俗病难医。医治有道，读万卷书，行万里路。读书多，则积理富、气质换；游历广，则眼界明、胸襟扩，俗病或可去也。古今大家，成就不同，要皆无病，肥瘦异制，各有专美。人有所长，亦有所短，能避其所短而不犯，则善学矣，君其勉之。

黄宾虹的艺术观念，深深地影响了林散之。

第三章 负笈壮游：看罢嵩山秀 更睹太白奇

林散之青年时代，即有大志向。辞去薪酬丰厚的教职后，孤身前往上海，拜师于黄宾虹。黄宾虹一生无惧，惟惧『俗病』。尝告诫林散之：读万卷书，行万里路。读书多，则积理富、气质换；游历广，则眼界明、胸襟扩，俗病或可去也。

林散之得遇良师，读书游历，以医俗病。一九三四年，三十六岁的林散之辞别母亲、妻子和五个儿女，经嵩山到华山，再到太白山，然后穿越蜀道，再从青城山转峨眉山，然后沿岷江、长江回到家乡，历时七个月，行程九千多公里。非凡的经历，重塑了林散之的心灵。

微近中年后　诗人欲壮游

20岁的时候，林散之娶妻赵氏，没想到鸳鸯梦短，婚后一年，赵氏就不幸因病离世。

林散之的第二房妻子盛德粹，其父与范培开是挚友。起初，是林散之嫁于盛德粹同族的姐姐看中了她，姐姐在盛德粹的父亲面前，把弟弟说得天花乱坠，但毕竟是亲人所述，对方未肯轻信。

某日，盛德粹的父亲见到挚友范培开，向他询问林散之的情况。没想到范培开对他极力赞誉："林以霖（林散之的学名）是我的学生，我对他了解甚详。他家虽穷，耳朵也有点聋，但为人正直、敦厚，求学极勤奋、踏实、谦虚，诗文书画皆精。我所见到的青年人无人能与之相比，将来必成大器。"

范培开的几句美言，完全打消了盛德粹父亲的疑虑，1919年，成德粹与林散之成婚。

婚后不久，诗兴大发的林散之就写了一首《贺新郎》，表达自己的快乐心情。

燕婉卿宜笑。小洞房，春光融融，暗香轻袅。始信姻缘皆前定，惠我冰姿玉貌。美酒合欢同偕老。乌水悠悠情无极，任翩翩燕燕梁间绕。君不见，月圆了。

世途坷坎多烦恼。况家门清寒冷落，晚生潦倒。秉性痴于诗书画，荣辱何曾计较？幸有海棠牵怀抱。一点心期堪记取，效双飞比翼鹣鹣鸟。喜不尽，百年好。

小词心怀喜悦，又踌躇满志。同时把自己喜爱书画的心性，真诚地告知冰姿玉貌的新婚妻子，感谢对方不嫌弃自己家贫寥落，对美好的未来满怀憧憬。

1920 年，林散之又写了一首《寄情》，来记述婚后生活。

相违一日已三秋，争奈分襟两月周。
千线情丝千线恨，梦中几入贡山头。
美卿玉貌剧风流，百种温柔百种愁。
记得前年初遇面，含羞无语只低头。

林散之的诗人秉性，在这首诗里完全得以展现，“百种温柔百种愁”一句，可圈可点。

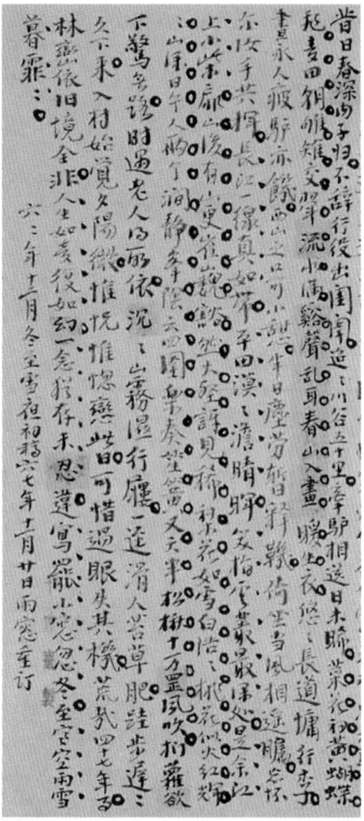

林散之诗稿

成家立业后的林散之，不再忍受大家庭的不公，开始谋求经济上的独立，力主分家。为了获得自由，他接受了不按“老三房”（上一辈林家有三兄弟）分配财产的方案，只分得总财产的约五分之一。

在调停人的帮助下，林散之分得了靠近住宅的一份小田产，一般年景下可收入十五担稻。

不再受制于大家庭的管束，林散之有了独自处理小家庭事务的能力，便对家后面的小山坡进行了改造。他的后人著文写道：

我们家宅后是一个小山坡，叫缑山，东西延绵十数里。沿山坡都是断续相连的村庄。山坡上是起伏很小的丘陵地，大多辟为农田。紧靠我们家宅后的山坡上，有我们家几亩山地。父亲一生酷爱山林，为了给自己创造一个良好的读书、作画环境和改善家庭经济状况，早有改善后山面貌的计划。分家后就立即动手进行。以家中原有山地为基础，用教书积蓄起来的钱买了四周几亩山地，合共约有十二亩。在这片山地周围，栽上枸杞刺和紫荆作篱，并拉上带刺铁丝。篱内外栽刺槐、扁柏各一行，用作防风林。然后将全部土地划成四块：两块种柿树（共约七亩）；一块种桃树（约三亩）；一块约二亩，区内盖草屋三间作书屋;书屋后培育竹林，不足一亩。屋前是空旷地，供习武之用。两旁栽了一些杏、樱桃、枣、银杏、梧桐、槐等树木。屋左叠一假山石。门左侧栽天竹一丛，右侧植芭蕉数本。此区与后面果园之间筑小土墙相隔。从草堂有小径通后园门，径两旁植侧柏作行道树。山下住宅四周以及从住宅到草堂的山坡上也全种上檀、枫、椿、槐、黄连木、桑、乌柏等多种杂树。山坡两旁边界上也以枸杞刺、紫荆、刺铁丝为篱，与山上果园之篱相接。从住宅到草堂修一梯状曲折小道相通。

修整山林，盖建山居，满足了林散之的诗人理想，他把自己的草堂取名“散木山房”，颇有古代隐居之士的意味，后来，再改为“江上草堂”。

林散之对草木果树的热爱，也化成对家庭的经济支持，这片山林所售水果的收入，折合可得稻谷五六十石，好的年景可折成一百五十石，几乎是他所分得田产收益的十倍。

除了经济收益，剪伐各种杂木、修剪树木所得的枝条，可供家里烧柴之用，也节省了大量的花销。

> 草堂所在地势较高，且附近皆为农田而无成片的树林，因之草堂的树林就更为突出显眼。在方圆十余里之内，目力所及，都能远远看到草堂，这一大片蓊蓊森森、深沉茂密的树林，简直像仙境一般。有人拟之为陶渊明住的栗里，王摩诘住的辋川。

小小的山居，虽然可以写诗读书作画，但终归是弹丸之地，没有名川大山的奇丽壮观，给予林散之更多视觉与心灵上的冲击。

因此，待稍有积蓄之后，林散之就开始学习乃师黄宾虹，准备遍游名山胜水，看遍奇峰巨嶂。

1934 年，36 岁的林散之辞别母亲、妻子和 5 个儿女，经嵩山到华山、终南山，再到太白山，然后穿越蜀道，再从青城山转峨眉山，然后沿岷江、长江回到家乡，历时 7 个多月，行程 9000 多公里。

此次游历，林散之遇到若干凶险，有时甚至危及生命。但非凡的经历，也重塑了林散之的心灵。归来后，写成《漫游小记》，后连载于上海《旅行杂志》，林散之的名字也为读者所知。在其后的岁月中，林散之经常莫名其妙地被不相识的人请求拜见，或许与这本

旅行杂志

杂志曾刊载林散之的文章有关。

《旅行杂志》1927年创刊于上海，主编为赵君豪。其作者多为上海滩的知名文化人，1931年起，著名作家张恨水就为《旅行杂志》撰稿，数年之积，总计有52篇之多，包括《赛金花参与的一个茶会》《西游小记》《滕王阁渺不可寻》《蜀道难》以及长篇小说《一路福星》等。

该刊的稿酬也比较高，千字二元到十元。当时，这本杂志在上海非常流行，张恨水自己也把这本杂志当成枕边书。他在文章中写道："愚读旅行杂志，亦有五六年矣，每卷邮到，即置百事于不顾，忽忽展读一遍，以当卧游。而明窗净几，偶作遐思，亦辄于书架上抽取一卷读之，而解枯坐之苦闷，由是言之，可知旅行杂志，不仅为旅行家备之，正亦可为居家者备之。因居家者，旅行未得，可读此书以神驰于宇内也。"

在其第十卷的纪念专刊中，沪上文人罗家伦、吴青霞、黄伯樵、贾士毅、周厚坤、于右任、周瘦鹃、张恨水、金克木等都为杂志撰文题字，刊名"十周纪念特大号"为曾任交通总长、北京国学馆馆长、中国画学研究会会长的我国著名词学家、书画家、鉴赏家、收藏家叶恭绰题写。

郭少棠先生认为，甲午战争之后，旅行游记成了一种文化交流传播的重要手段，那些"被记录的风景"显现了一种重塑民族文化的渴望。对于知识分子来说，旅行象征着一种新的生活。

而林散之虽僻居乌江小镇，也在乃师的启发下，主动融入了这股潮流。

谁识飘零意　空谷失弦音

黄宾虹对林散之的影响非常之大。1931 年 5 月，黄宾虹游雁荡山，在此之前，林散之结束了上海求学之旅，回到乌江。

告别乃师，林散之诗兴勃发，写了几首七律，记述受教于黄宾虹之后的内心感受。

其一

草绿天涯又一春，小楼高迥静生尘。

十年膏火空皮相，千里风波访道真。

只为胸中战肥瘦，难教腕下粲星辰。

于今解得玄机秘，笑把浮名让世人。

其二

寂寂沙鸥草堂思，纷纷车马沪埕征。

无成书剑心如捣，已敝衣裘影自惊。

利锁名缰羁薄俗，芒鞋藤杖负平生。

几回憔悴思归去，离别犹听园蕉声。

黄宾虹一生无惧，惟惧俗病。而治俗病之法，不外乎读书。尝告诫林散之：读万卷书，行万里路。读书多，则积理富、气质换；游历广，则眼界明、胸襟扩，俗病或可去也。

一场向黄宾虹致敬的溪山行旅，已经任何人都无法阻挡。

林散之用寥寥数百字，写下了九死一生、足以让常人闻之扼腕的难忘经历：

自河南入，登太室、少室，攀九鼎莲花之奇。转龙门，观伊阙，入潼关，登华山，攀苍龙岭而觇太华三峰。复转终南而入武功，登太白最高峰。下华阳，转城固而至南郑，路阻月余，复经金牛道而入剑门，所谓南栈也。一千四百里而至成都，中经嘉陵江，奇峰耸翠，急浪奔湍，骇目惊心，震人心胆，人间奇境也。居成都两月余，沿岷江而下，至嘉州寓于凌云山之大佛寺，转途峨眉县，六百里而登三峨。三峨以金顶为最高，峨眉正峰也。斯时斜日四照，万山沉沉，怒云四卷。各山所见云海，以此为最奇。

留二十余日而返渝州，出三峡，下夔府，觇巫山十二峰，云雨荒唐，欲观奇异。遂出西陵峡而至宜昌，转武汉，趋南康，登匡庐，宿五老峰，转九华，寻黄山而归。得画稿八百余幅，诗二百余首，游记若干篇；行越七省，跋涉一万八千余里，道路梗塞，风雨艰难，亦云苦矣。

林散之的文字，清奇淡雅，简洁传神，凡路途之中骇人之事，皆轻描淡写。而他的几个子女撰文回忆父亲的这段传奇经历时，则说他“历经十难”，安然而归，似有神助。

第一难，是藏钱的拐杖被挑夫扔下悬崖，后幸寻回；第二难，是夜宿斗母宫，饿熊突至，险遭厄运；第三难，是衣薄粮缺困于雪山，幸得天晴；第四难，是无粮又撞瘴气，自度必死，而于深谷中发现人家；第五难，是路遇强盗抢劫随身财物，藏于拐杖中的钱得以幸免；第六难，是途遇巨蟒，恰正酣眠；第七难，是夜宿贼店，险遭算计，装穷而得逃脱；第八难，是被川军抓住，险误为“匪探”；第九难，是再被官军当成“密探”捉住，因有人识其诗画得免；第十难，是穷游庐山，再被疑为“匪探”捉入兵营，万幸生还。

旅行雜誌
第十卷 第三號
民國廿五年三月一日出版
美術圖影
國內遊記
漫游小記 林散之
國外遊記

刊有林散之散文的杂志目录

这些惊心动魄的故事，在林散之的笔下，生动有趣，因此才打动了无数《旅行杂志》的读者。

从陕南往成都，过汉中，林散之留下了一段鲜活的文字：

> 汉中为陕西南重镇，境内之地多肥壤，多种稻之田，实为盆地，而四方乃崇山峻岭，掩蔽霄汉。其北为陈仓道，乃通陕大道，其南为金牛道，乃入川险途，均崎岖路也。余至汉中，归心已急，兼之入川道路，消息不明，跋涉艰难，生死未卜，游兴遂大沮。拟由汉水至老河口，顺襄阳转武汉而归，岂知汉中至老河口，亦一千五六百里，时汉水正涸，不通舟楫；即汉水涨时，亦凶滩恶水，险急不可下。

因为缺少伙伴，林散之在汉中逗留了 6 天，在一家“四川老店”听说剑阁兵火已去，就收拾行李，雇了人力车，“出汉中西门，循沔水北岸行”。

在黄镇，林散之遇到了此前相约同行的唐生，见识了山中人的待客方式：

> 第二日天明，唐生亲友，携豚肉、山薯（本地呼为洋芋，较吾乡所产小数倍，形如茨菰）、玉蜀黍等物来贺，

熙熙攘攘，相庆一堂。唐生具酒醴相待，甚粗简，其制食物，无油酱醯醋，失烹调之法，囫囵煮熟。相共大嚼，无所谓滋味矣。至晚方罢，各道谢去。

告别唐生后，林散之继续前行，其路甚艰险，而林散之的文字摹画亦动人心弦：

林散之　峨嵋纪游　1936 年

初明，偕史仆下闵家坡，盘磴转折下，十五里至七盘岭。山陡起，矗摩云空，山雾沉沉，半明半灭。岭有关，曰“西秦第一关”，隔岭即四川界。遂扶磴下，足底之乱瀑惊泉，山崩地坼，不禁股栗，下岭复仰上，登四川地。石级千层，危崖百折，攀附上之，有关扼其险，为川北咽喉。两崖有宋元刻石，与史汉坐观久之。四里越七盘岭，东南下五里为较场坝。道中多运夫，往来艰苦途中，喘哮之声相闻。始余在傥路道时，遇川陕运夫，以背承木架，架上垒物，高二三尺，重百余斤，而烟具(川陕之民无不吸鸦片者)及一切零星用物，均载其上；行时，手中拄杖，伛偻以趋，虽遇危崖险磴，上下甚便。余睹之，既异其形，复奇其技。

离开神宣驿，步行约三十里路就到了繁华的朝天镇，再往南走十里，就是远近闻名的朝天峡。

林散之的这一段文字，描画了朝天峡的惊险奇崛。语句刻画有力、让人如临其境：

> 出朝天镇南十里为朝天峡，山水最奇。余欲睹兹峡之胜，觅舟从水路行，自东崖登舟顺流下，水多疾，颓浪奔波，其去如矢。而两旁高峰耸峙，罗列秀峰，山随水转，东行入峡；双崖陡束，插汉摩天，浓雾霏霏，上视无极。而两崖之间，竹木丛蔚，藤蔓飘绡，山似乱柴，石如鬼脸，标黄叠翠，敷紫铺红，恍疑置身丹碧中。壁上凿孔架阁，栈路犹存。五、七里，水转又东，渐行渐无所出。再二里，东南转，峡忽开，沙回水曲，布露远景，古木绿山中有一二人家，江村风物，益觉幽异。十里至皂河驿，下船，从沙中行三里，复盘磴上，十余里，趋飞仙岭，从岭畔凿磴架空行。嘉陵江循环其下，奔流滚滚，如腾如沸，上水之舟挽甚难，虽百余石之舟，亦必数十人挽之，始能行动。十五里至石鼓铺。又十五里至千佛岩。岩耸江畔，峭壁空悬，嶙峋百仞。壁上凿洞，刻佛像大小以数千计，雄伟不及龙门，而奇峭过之；人从壁下凿石钩栏以度。左转里许，有殿宇数十间、旅店十余家踞崖之尽处。再五里，为广元县。县居嘉陵江北岸，雉堞坚厚，市衢充广，平铺白石，既整且洁；商业大盛，百物所萃，食品尤甘美且廉。

在榆钱铺，林散之不慎坐在了蠋子草上，痛不可遏，急忙拿出随身携带的解毒药敷上，渡嘉陵江，过昭化，住在牛头岭下的荒村中，然后登牛头山。

《旅行杂志》内页

林散之的这篇游记，有情有景，铺陈得当，其简洁明快，文字精炼，不逊于前人：

鸡鸣即起，坐待明发，令史汉肩行李，上牛头山。山虽高，不甚险峻，循石磴行，道旁多松，参差迤逦。顺松间行，十五里为天雄关。天雄关即古葭萌关，崖石陡起，关居隘口，险甚，浓阴，大雾如雨，而四山之云，有如涛涌，目无所见。关内有荒店十余家，少憩，从岭右盘曲转折行。二十五里至树丫子，又十里，为寨子山，奇峰如笔，孤削空悬，茂柏修松，罗列上下。左趋为火木树，路渐险，怪石腾空，排奡骀荡；再进石更奇，山更险，摩崖有石，刻曰“渐入险境”。历磴下，左转百余级，为通险桥。桥为巨石垒成，桥下奔流迅疾，其源不知从何处来？搏击之声，震人心胆；而两旁崖石，崇墉百丈，如积铁，如渗青，大木多六七人围，浓绿森沉，仰不见物，蚕丛鸟道，股栗心寒，奇境人间，无逾其右。五里至孔道新。又五里至架枧沟。复从岭上行，苍松翠柏，都在脚下，渐旋而上，不觉其高。天已霁，远看剑门诸山，堆青攒翠，自西南横列东北，迢迢天际，拱若屏风。而西南与东北两峰尽处各起崇峰，其情若倚，其势最雄。

在《漫游小记》中，林散之也有文字描述著名的剑门关：

其低伏处，中悬一线，从坳中仰上，虚左实右，护以石栏。右有泉曰“剑泉”，从石隙中直泻而出，霏霏满谷，旁有宋元人刻石甚多。再数百磴为剑阁。阁后忽起一峰，据险向人，兀突甚。阁为两层，坚整而雄，两旁遂危崖迴峭，连山绝险，横亘数百里，莫可度越。张载《铭》曰：“一人守关，万夫趦趄”，宁不信然！逾关，石尤奇峭，藤木倒垂，披绡曳谷，而泉如珠帘，霏微上下，阴寒甚。有老猿垂藤木，饮于山泉，升转甚捷。东转有桥，桥下水流极急，为出剑门山阳之水，至此山渐低，多南迤。又五里为剑门驿，乃栈道终点。

渐至绵阳，经过古郎当驿，此是当年唐明皇入蜀所经之地，唐明皇曾在此作词一首，怀念杨玉环。林散之也满怀诗思，幽然记之：

上亭铺即古郎当驿。昔禄山之乱，明皇幸蜀，仓皇奔走，过马嵬坡，军不前，遂赐贵妃死。至郎当驿，夜雨闻铃，中情凄断，因制《雨淋铃》曲以寄恨，即此地也。抚今思古，不禁怆然。

《雨淋铃》，原系唐乐坊曲，传明皇以之曲调拟词，纪念昔日所爱之人。其词幽婉，若成曲调，令人不忍细闻：

斜风凄雨，古桡岩峭，暮雨未歇。巴山惆怅无际，方肠断处，风铃悲切。袅袅疏疏密密，似子规啼血。不忍听如恨如怨，多少怨情与谁说。

人间最苦伤离别，更那堪，玉魂永湮灭。今宵魂在何处。冷雨里，碎铃声咽。点点滴滴，心思寒泉落飞雪。便纵有，万里河山。愧对荒茔月。

宋代的柳永以此曲牌，写成《雨淋铃》，一句传唱千古的“多情自古伤离别”，即化自明皇原词“人间最苦伤离别”。明皇此

临隶书

词，抒词人之胸中款曲，表帝王之无奈心绪，怅婉动人，远甚柳词，而世人却只知柳词而不知明皇，盖造化弄人，虽帝王亦有无法左右之事，后人思之，更应感世事无常。

林散之随行带了一个行仆，名叫史汉。久居山中，不知山外世界。犹如桃花源中人，只知有汉，不知魏晋。两人出重山，渡危河，快至成都时，现代世界的种种景象，让史汉惊讶不已。由是引发林散之的一番感慨，亦颇值思考：

雨渐止，路亦渐干；忽有飞机自天际流，机声轰烈，震眩耳目，史汉不知何物，大骇，仰而视之，目不能瞬；忽又有汽车来自前方，瞬息即至，史汉复不知何物，闻汽笛响，骇绝！急奔至路旁水田中，衣履行李尽湿，余不禁失笑。观于此有感矣：史汉为一穷山中人，目无所见，耳无所闻，不知天之高，地之厚，则其少见多怪宜矣！更有不学之人，无所见闻，乃复自矜才之高、学之博，则其少见多怪，宁不甚于史汉哉？

这次壮游，对于林散之一生的创作影响巨大。他的女婿李秋水撰文说：“他攀登绝崖危峰，穿越丛林密箐、深山大壑，曾遇猛兽巨蟒、路匪黑店，其不死者幸焉。是游也，得画稿 800 余幅，纪游诗 200 余首，《漫游小记》5 万余言。读万卷诗书，加上 3 年上海，万里壮游，散老在艺术上有了质的变化，挥毫落纸，有挥斥八极动九州气概。”

第四章

乱世劫难：八年逃难苦 三载忧愤情

『卢沟桥事变』不久，北平和天津相继失守。一九三七年八月十三日，日本侵略军进攻上海，十一月十一日，上海失陷。

一九三八年四月二十四日下午，日军占领距离乌江约二十公里的和县县城，接着进驻离乌江镇约十公里的桥林镇。乌江一带成了鬼子经常『扫荡』的地方。

中国大部分地区进入空前黑暗的日寇占据时期，几乎每个正直的中国人，日子都不好过。

原知秋太恶　令我羽毛摧

从 1937 年到 1945 年，是整整 8 年的家国之难。林散之的境遇与绝大多数知识分子一样，在苦闷与不安中，度过了 8 年的艰难岁月。

江南战事起，林散之忧怀萦系。“故国艰难隔天外，虚堂凄瑟在人间。不堪报里闻消息，又向山中看日阑。”

战乱时节，关心国家兴亡的普通知识分子只能从报纸的新闻里，了解战况，但报纸上的好消息几近于无，让人不堪细看。

林散之的诗，描画了那个时代普通人的真实心态，国已颠破，家宁平安？“兵戈缓急无由问，懒向痴儿教画图。”

无从知道战事消息，忧心如焚，连向爱子教授图画的心思都没有了，家国相连，巢倾卵覆，虽僻居山乡，一颗心也同样与国家命运共振。

很快，战况恶化，敌兵步步进逼，林散之的家乡也惨罹兵火，他的诗已经不再是平和的铺叙，而是愤怒的控诉：

“故鬼不归新鬼哭，乾坤莽莽几堆骨。与君相隔才咫尺，云泥已似千里阔。”

写至此，诗人已经悲从中来，不能自抑。美好的春光，本是诗人吟诵诗句、歌咏自然的季节，但面对家国惨境，再好的春光也已经丧失了意义。他对好友邵子退感慨道：

“我自仓皇君亦悲，蹉跎同负今春月。”

可是，作为一介书生，家破国亡之际，他又该如何自处？“蓬窗苦雨忆畴昔，相对无言守书册。”

1927年，青年林散之

“守书册”不只是生活寄托，也是文化守卫。外敌来侵，手无寸铁，只能守住藏于书里绵延千年的文化传统，守住精神的家园。

1938年，林散之已经40岁了，如胡适所说，“偶有几茎白发，心情微近中年”。但战火烧到了家门口，他的绝望与无助，已经不只是中年心态。

“如今苦怜江上宅，不似从前往来迹。沙水昏昏昼绝人，空余飞鸟江上拍。”

但更艰难的日子马上就到来了，林散之一家，也加入了逃难的人群。

“凄迷春草血痕斑，乡里逃亡尚未还。四野于今多白骨，中原何处是青山？”

从1938年日军占领和县县城开始，林散之一家就开始了逃难。但都在离乌江镇不远的地方，“先后去过百姓塘邵子退家、杨家村、王村庙、盛家岘等山村。父亲安顿好妻儿老小后，有时偷偷回家去看看”。

林散之用一首《雁》，淋漓尽致地表达了他彼时的心路历程：

原知秋太恶，令我羽毛摧。

既失中和日，况经十月雷。

蒹葭风露晚，波浪岁时违。

处处江河异，何从觅下来。

原本想在乡间做一个诗人，设馆授徒，涂抹丹青，寄情山水，平淡地生活，这简单的愿望也变得无比奢侈。他的诗也从关切，苦闷，忧伤，渐渐地有了愤怒与反抗。

但无论如何，人要生活下去，只能在复杂的环境中找到让一家人吃饱饭的办法。

8年里，林散之到底靠什么谋生？坊间著作均所述不详。此前，他的日常收入主要有三个来源，其一是设馆收徒，其二是自家山林售卖果实；其三是书画作品的润笔。

设馆收徒，在乱世已经是不大可能的事儿。购买书画作品这样的雅事，在本就很小的乌江镇，也同样显得奢侈。日寇侵占上海前，林散之的书画市场，也主要在上海一带，并不是和县与乌江镇。

早年绘画

因此，所余也只有山林果树的收成，与稻田里的十几担稻谷的产出，可以让一家人活命。

林散之的家人在追忆这段经历时说，时局不那么紧张之后，大部分的乡民回到了村里，一边劳作，一边躲避鬼子。后来，村民们都学会了挖地洞，遇到鬼子“扫荡”，就躲进地洞里，有的村民家地洞非常大，能够容纳百人。

由于林散之的母亲年事已高，一直没有外出逃难，这也是家人回到村里的主要原因。

坊间对林散之的这段经历，多笼统写之，一般均表述为“1938年，家乡为日寇侵占，林散之举家逃难，数年间，随身携诗稿、碑帖与笔墨纸砚，流浪中仍作诗书画不辍”。由于语焉不详，似乎八年间，林散之一家总是身似飘萍，四处逃难。

但事实上，林散之一家的逃亡生涯很短暂，当地战事平息，家人就回到了村里。邵川先生所著的《林散之年谱》中说：“南京有他的亲戚和朋友，他决定到那里去看一看。”

林散之并没有“挈妇将雏”举家而去，只是孤身一人前往南京。

临行前，正值苦雨零落，凄风斜吹，秋叶声声哀叹，摧人神志。他心有所动，即写成《客夜》：

客已不能睡，况闻风雨声。
灯昏饿鼠出，天暗野狐鸣。
盐米家家急，萑苻夜夜惊。
明朝西江去，更怯一舟横。

诗虽平易，却饱含深情，不但表达了对家人生活的惦记，也表达了对未来种种不确定性的担忧。

林散之向以诗人自居，常用诗歌来表达所见所闻，记录下个体眼中所见的群体悲剧。

国家不幸，诗人又何幸？林散之的诗里，多是对生命的惋惜，对敌寇的痛恨，对未来的迷茫。

在《再次韵柬朴庵》一诗中，既有迷茫，又有希冀。

已看故国魂难返，幸有芳邻德不孤。
欲把哀忱托郑侠，流民何日得成图？

诗中的郑侠，即北宋时以一幅《流民图》扳倒王安石的耿介之士。在这里，林散之又以画家自况，诗句的重点，在于山河涂炭，流民遍地，他认为自己有责任把这些画出来。

日寇凶残，但中华万众一心，其国不死，民族魂不散。

林散之对国家和民族，仍然抱着深深的希望。他悲愤地写道："虎鬼能为祟，虬龙未可屠。"

同时，逃亡在外，也用诗表达着对家乡的思念。

九月西风太凄恻，江山摇落千里色。
游子初去麦穗黄，游子未归芦花白。
毕郎后起亦何奇，摩顶便腹又修眉。
欲读异书一千卷，立身不共寻常见。
去年庐陵饮我酒，湖水盈盈风生柳。
对君醉写嵩岳图，风义平生几曾有。
今年永安君独发，往事何堪从头说。
惊心一行两行雁，苦梦千山万山月。
登高四望景物非，江北江南蟹正肥。
故园知尔久依依，违斯违斯胡不归？

结尾一句"违斯违斯"，化用《诗经》中的一句"何斯违斯"，重叠连用，强化了对离家远行、不得归乡的幽怨，又好似亲人在彼，连声呼唤，催发兰舟，早日团聚。

乱世远游，林散之惦记妻儿，在南京时，曾写诗寄给远在家乡的儿子。

其一

古哲由家教，愧余百不如。

汝应从弱姐，补读未完书。

其二

读书有早迟，十二念甘罗。

汝今年十一，荒废竟如何！

其三

怜尔太娇痴，功名非所期。

汪汪黄叔度，好学牛医儿。

第二首诗，“十二念甘罗”；第三首诗，“汪汪黄叔度”，各用了一个典。甘罗是秦国左丞相甘茂之孙，据说年仅十二岁便成为策士，为秦国轻取数邑。黄叔度即东汉隐士黄宪，其父为牛医，十四岁时，名士荀淑与之倾谈后便深为敬服，从此名满天下。林散之用此两典，意在激励儿子从小苦学，争取有所作为。

林散之虽为旧士人，但思想并不守旧，没有重男轻女的观念，对孩子们一律平等。因此，远游之时，也给女儿荪若写了诗，不像写给儿子的诗那样，充满对前途的忧虑，而是洋溢着深深的父爱。

其一

咬得菜根别有香，书中福分本无疆。

莫嫌门巷乌衣冷，风雪吟成自女郎。

其二

怜尔衣裳尚未缝，天寒何以补三冬。

遥知冻墨新磨好，写到云山第几峰？

途中，林散之也以诗感慨自身际遇，抱怨苍天的不公。同时感叹生活多艰，谋生不易。

其一

历阳久不到，烽火已成尘。

万瓦空前劫，深闺失旧春。

苦闻伤乱语，凄绝倒悬人。

齐物何时论，苍天原不仁。

其二

可怜双燕子，几日到江干。

觅食何方好，衔泥是处难。

已惊新影瘦，谁恋故人寒？

太息东风紧，危巢总未安。

抗日战争进入相持阶段之后，日军的侵略方针由军事进攻为主、政治诱降为辅，转变为政治诱降为主、军事进攻为辅。采取政治诱降劝和，破坏国共合作，瓦解抗日民族统一战线。

旅行绘画之《终南烟雨》

在这样的大背景下，汪精卫公开叛变，在南京成立伪国民政府。

战事稍平，林散之的家乡一带，也成为敌、伪、顽（日军攻占南京后，国民党大批部队西撤，但在江南地区仍留有9个师，此外还有一些地方兵团。这些国民党军，一边抗日，一边剿共，制造“皖南事变”，破坏抗日统一战线的，就是这些部队，一般称之为“顽军”）拉锯占领的区域。

林散之南京归来，名声犹在，乱世之中，也以士人自居，凡乡邻有求，必鼎力为之。

常来乌江一带的顽军，是桂系部队。长官李本一是中央军校高等教育班第一期毕业，参加过淞沪抗战。听闻林散之是位诗人，就派人请他同谒项王庙。

林散之胸有丘壑，略作沉思，便成两诗。

其一

逐鹿风云变，青青又几春。

依稀灞上日，寂寞帐前人。

天地仍烽火，干戈几晋秦。

犹余叱咤气，怒目向人瞋。

其二

多君来此地，柳色渐青明。

蛙鼓声声闹，鸿飞阵阵惊。

挥戈还落日，投笔请长缨。

眼见江东水，翻腾意未平。

李本一说，“我此次来，李长官（李品仙）当面关照我，要我代表他向林先生问候，望林先生把我当学生看待。”

李本一与林散之相处甚笃，当林散之为其写字画画时，还亲自磨墨拉纸。

尽管林散之并不攀附这些军人，但当地民众受到骚扰，需要与国民党军交涉时，都求林散之出面，他解民倒悬、活人无数、造福乡里，积累了非常高的民望。

1944 年夏天，林散之的妻子和两个儿子都被日本宪兵队抓去，要他们交代国民党游击队长袁灿的下落，由于林散之社会声望较高，加之各方力量帮忙，也很快把妻儿营救出来。

尽管家国遭困，世道艰难，但林散之始终坚持练习书法。林散之的孩子们深情地回忆道：“父亲在八年颠沛流离中，不管到什么地方，总是拎个藤篮，里面装着一些书和他的诗稿、纸墨、笔砚和《怀素自叙》帖长卷。不管在哪儿住下来，一有空就看书、作诗、绘画。”

抗战胜利后，林散之欣喜若狂，仿“古诗十九首”的风格，写《今诗十九首》以作纪念。

苦诗三百首　都是为承平

日寇已降，烽火再燃。

林散之以诗感愤，忧心如焚。在两首《秋思》中，表达了他的感受。

其一

夜气存山木，嚣声远市城。
青萍久无价，黄竹自垂名。
一战风尘晚，长哦梦寐惊。
苦诗三百首，都是为承平。

其二

故国千峰冷，新亭八载悲。
挥戈痛未已，射日泪长垂。
火鼠空传热，冰蚕沿吐丝。
南来名士好，不惜过江迟。

日寇投降后，国民党军桂系力量驻防安徽，省政府主席为李品仙，是李本一的老长官。

李品仙国学功底非常好，他 13 岁考入苍梧县立高等小学，同年参加升学考试，县试、府试都一路过关，展现了难得的才华。到

书画小品《观艺》

院试时，因漏抄一页试卷，没能考中生员，从而科举梦碎。

李品仙后来进入蔡锷在桂林创办的广西陆军小学，毕业后升入湖北第三陆军中学。1913 年 1 月赴保定军校第 1 期学习，与唐生智成为同学。

1939 年 11 月，李品仙接任安徽省政府主席，并担任豫鄂皖边区游击总司令、国民党安徽省党部主任委员及第二十一集团军总司令。

抗战初，李品仙有一首诗，颇为鼓舞人心：

海寇倾巢出，烽烟夜梦惊。
平津既陷落，淞沪复侵争。
国祚关隆替，黄魂决死生。
哀军尝却敌，众志足成城。
蕞尔二三岛，何如亿万兵。
横戈挥日起，大纛顶天行。
欲雪千秋恨，当思七尺轻。
时乎不我待，奋臂事长征。

李品仙的诗，格调不俗，意气风发。他写于抗战时的另一首诗，炼句精雅，情绪高昂，如征鼙声声，催人奋进。

颓垣残宇断荒鸡，半壁河山遍铁蹄；
满目疮痍哀雁户，一腔血泪鼓征鼙；
卧薪尝胆思勾践，亲蕨餐薇耻叔齐；
大好神州陷丑虏，狼烟起处海天低。

1946 年春，李品仙把林散之请到合肥，安排他住在一所公馆里，并希望他能出任省政府顾问。他对林散之的敬重，或许是因为林散之的诗名，或许因为林散之是地方领袖。但林散之婉拒了李品仙的好意，又回乡居，过着清苦的日子。

这时，林散之已经 48 岁，自感渐老，对于仕进已经全无心思。在一首诗中如是写道：

病起惊心两鬓斑，嗜痂结习已阑珊。
千秋之业果何用？一艺成名实大难。
酸苦只同山客语，甜邪聊供世儿看。
春蛇秋蚓无情思，眼见霜林又染丹。

一病之后，两鬓着霜，林散之感慨艺路难行，时光易逝。对于自己不再年轻这件事，更是无比确认。

这样自甘清贫、终老山林的心态，或许是婉拒李品仙的真正原因。

经过八年离乱，对于红尘

书毛主席诗词并画

世事，他已经缺乏热情。冯唐易老，李广难封。内心深处，他已经自认为一个心如冷灰的老人。

日月真跳丸，余生已老矣。
苦读几卷书，尘障泊于理。
仰宗舍上乘，鞭辟难入里。
西隐两度来，所求果何是？
沉沉远山钟，寂寂平湖水。
前梦忆三生，孤踪感万里。
心乃如冷灰，檐风吹不起。

诗的尾句，化用苏轼《寒食帖》的最后一句“也拟哭途穷，死灰吹不起”。其心中悲苦，与苏轼被贬黄州时的境况，或有相似之处。

甚至，对于自己的过往人生，也有了怀疑。爱诗如命，在战乱之中都不忘读诗写诗的林散之，检视写过的诗稿，也产生了意义上的疑虑。

检点囊中句，抄存一寸高。
苦吟虽自得，留此实无聊。
劫后麻湖陷，书遭秦火烧。
可怜两百首，真不值鸿毛。

一向避讳俗病的他，对于自己的画作，也还是颇为自得。但这一时期，心情低落，也写诗自嘲：

人是当年陈仲子，已从离卦卜明夷。

雨余俭岁怜鸡祸，泣下空堂有鼠思。
几处残痕秋未了，半床午梦冷何之？
自描一角山来看，涂抹于今不入时。

陈仲子是战国时的著名隐士，以“不入污君之朝，不食乱世之食”而闻名于世，后为灌园叟，饥饿而死。陶渊明称赞道：“至矣于陵，养气浩然。蔑彼结驷，甘此灌园。”

涂抹不入时的林散之，以隐士自况，这样的淡然心境，或许正是他的书法之道得以大成的原因之一。

人非圣贤，面对荣华富贵，总要经历一番心灵挣扎，林散之也不例外。就在同年，他写了一首《不忍》，活脱脱地把他当时的想法存留下来。

肉食能无鄙，功名信手提。
有皮羞相鼠，多难怯荒鸡。
韬伏谁呕血，蔓图已噬脐。
几回欲长去，不忍旧巢泥。

对他来说，功名唾手可得，富贵也如指在手，本来想辞别家乡，到省城谋一新职，但还是舍弃不了旧巢。

也许正是这份恋旧，让他能够洁身自好。

当然，对于李品仙的厚爱，他也满怀感激之情，写了一首《亦有》记述：

亦有三生约，高怀见性真。

风尘几度合，功业一番新。
气亘苍梧野，神融碧海春。
私情与公谊，我爱李将军。

辞别李品仙，辗转回到乌江，又恢复了往日的乡居生活。写诗作画，准备老死田园。

在《赠友》一诗中，检讨了自己不事耕稼、靠诗文养家的困苦。

墨磨磨墨虚无补，苦坐窗前类楚囚。
岂与世儿争一艺，欲从吾子共千秋。
诗文自觉频年误，名字真成此道羞。
五日一山十日水，可怜难做稻粱谋。

而在另一首《代赠》中，则又赞颂了自己的田园之乐。

世外桃源未可寻，荷锄且筑小园林。
时来佳客添闲趣，空有黄鹂和好音。
一路飞花红扑扑，半湾流水绿沉沉。
殷勤莫负他山友，买酒烹茶一片心。

好在，走出山乡的日子不远了。春天已近，林散之却诗心已老，彼时并没有明显的感知。

第五章

晚年新生：政府重名士 聘为副县长

一九四九年四月，林散之的家乡解放，并很快实行『土改』。

林散之家分得了十多亩田和十间房屋，『江上草堂』附近的果园和树林，还由林家经营。

但林散之毕竟年事已高，又不以此为业，根据新政策，家家要自耕其田，这让林散之很为难。五十一岁的他写信给八十六岁的黄宾虹，希望能为他介绍一个教职或者其他以文字、书画谋生的工作。

当时，黄宾虹在杭州美术专科学校任教授，但林散之的要求没能得到满足，曾一度让他很苦闷。

无奈世情误　征聘未容罢

1949 年 10 月，中华人民共和国成立。51 岁的林散之从内心深处喜欢这个人民政权。他的一首《岁暮》，歌颂了新政权建立之后，人民幸福、社会安定的和平景象。

其一

岁暮惊江浦，言归却欲行。

东风初解冻，小鸟正呼晴。

人境真同化，天机有好生。

一尘今已定，随分度承平。

其二

儿女经时别，迢迢路万千。

一行看鸿雁，两地忆山川。

春早犹存腊，书迟似隔年。

求签误祈祷，已不信神仙。

在林散之的眼里，新中国是一个朝气蓬勃、昂扬向上的新社会，好似东风解冻，小鸟呼晴。经历若干年的战乱，安定和美的日子终于到来，尘埃落定，天下承平。

林散之不断地接受新政权传递的新思想、新观念，甚至已经

“不信神仙”。

不只如此，他的诗《秋日》里，还出现了一些非常时尚的哲学新词。

黄宾虹 设色山水 1953年

其一

一岁收成后，优游任所之。

不愁衣食少，且喜语言迟。

冷眼时看画，枯肠又出诗。

人生无不可，放下即相宜。

其二

劳碌经年日，全身只暂闲。

云随心境冷，秋入鬓毛斑。

唯物欣时论，齐民改旧观。

几株桐未落，正好看秋山。

第一首诗，还是一副隐士派头，方冷眼看画，又枯肠有诗，但是已过“知天命”之年，因此，也不太计较这些。诗的尾句，有浓郁的佛家色彩，认为“放下”是解决一切苦恼的法门。

但第二首，则把马克思的“唯物”二字入诗，很欣喜地说，这是“时论”，进入新社会，老百姓过去看世界的老眼光，也应该有了变化。

尾句虽然仍有名士派头，但心情已经不是前一首的“放下”，而是欣赏和接受，是对新世界的期待之情。

他的另一首诗《江城》，再次引“唯物”入诗，表明林散之已经渐渐成了一个文化“新人”。

> 江城如昼半朝烟，暮色遥铺处处连。
> 冬日爱生寒去后，春山睡起雨余前。
> 婆娑世界真无量，旖旎风光总自然。
> 独把一编看唯物，人间已换大同年。

用唯物主义的眼光看世界，解释万物更替的规律，在当时是一种思想潮流，林散之紧紧跟上这股潮流，把新兴的“唯物”观写入诗里，让自己的传统古体诗，有了些许潮流的意味。

更为重要的是，林散之真心认为新中国是一个美好的社会，是一个值得知识分子相信和付出的社会，是老百姓能过上好日子的社会。在诗的尾句，用了直白的语句歌颂“人间已换大同年”。

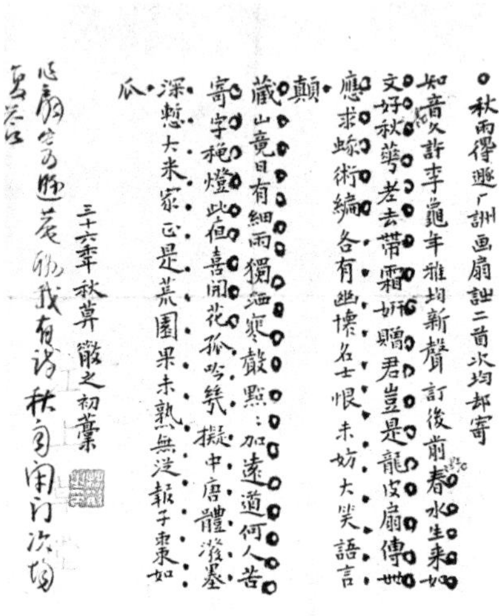

写于1949至1951年的另几首诗里，林散之也明确地用诗句传递着对新社会新政权的赞美：

在《春雨》里，他写道：“几回诗句里，传诵太平谣。”在《自惊》一诗里，则感叹：“却把此身仔细看，名山已负

诗稿　1947年

旧行程。”

对新政权的热爱并不是毫无缘由的，除了眼见人民政权施行的种种利民政策之外，共产党干部的亲民作风，也让他如坐春风，在写给儿子的信中说，“想不到共产党有这样一些好干部，中国有救了。”

他的儿女们纷纷投入新中国的怀抱，儿子昌午从杭州艺术专科学校毕业后，进入北京铁道兵团工作，昌庚考取了当时的国立南京大学，女儿荪若、荇若考取了华东人民大学。

1951年，53岁的林散之成了“公家人”，被选为江浦县各界人民代表大会常委，1952年，被任命为县农田水利委员会副主任，同年被选为安徽省第一届各界人民代表会议代表。

身处新世界，拥护共产党和新中国，但内心深处，他仍然是一个旧知识分子，巨大的社会变化，也让他对新生活有着些许的不适。一生都是一个自由自在的诗人、画家，突然要适应规律的、刻板的机关生活，确实会有些不适应。

在名为《春夜有怀辽西儿女二首》的诗中，他感慨道：

遁世能无闷，聊存君子心。
春晖怜寸草，寒夜惜分阴。
身在斯为患，诗亡尚自吟。
欲随高鸟去，何处是深林？

“遁世”这样的词汇，首次出现在林散之的诗句里，并非无心而写。而“身在斯为患”，则已经是周身不适的症状，自以为病，却无药可治。始终自命为诗人的他，内心的诗意消失，吟诵的欲望隐去，只是比照贾岛之流，苦苦地挖掘诗意，徒劳地把词和词搭配在一起，但诗本身已经死去了。

最后，他感叹，自己想跟随高鸟飞走，但却没有一片林木可以让他栖身。

这只高鸟，在他的心里，曾经是黄宾虹，但非常遗憾，黄宾虹虽然已经开始腾达，却没有办法为他提供一枝高树，让他改变自身的窘迫状况。

林散之的大半生都在乡村度过，虽然籍籍无名，却也悠悠自在。现在吃上了官饭，但他的身份，却还是政府的基层公职人员。

还是这个春天，江浦的气候异常，林散之借诗抒发了自己的心中苦闷。满纸都是哀愁，是对未来的不确定，对过去生活的怀念。

诗的题目很长，直接表达了他心中的某种寒意。《连日风雪，寒甚，春之消息已无，书怀二首、柬邓子》：

阴晴真不定，气候经常变。
正月即闻雷，雷后雨夹霰。
二月天更恶，风雪时连遍。
昨自江堤归，大风刮我面。
幂云低尘埃，苍黄路难辨。
风紧雨旋至，逆打几吞咽。
破伞已离披，有如张空拳。
归来衣湿透，心力两疲倦。
入夜不能眠，危苦坐稿荐。
朝起觇太空，雪飞又片片。
白银浩成海，大千太方便。

忆昔春交后，百花处处见。
如何今年春，只见雪花炫。
此雪已三场，所出非六瓣。
实恐主凶年，闻之吴侬谚。
客窗深愁思，翘首看天幻。
寒威又斗转，拥褐心犹颤。
冻雀闹空檐，饿狗叫荒店。
万境冷清清，无如江浦县。
胡以遣我忧？瓦盆烧栗炭。

这一首诗，看似描写气候异常的江浦，实则描画内心的凄凉感。而下一首则明确地揭示出自己的真实心境：人民政权待自己不薄，但半生悠游，突然要在体制框架内成为一个朝九晚五的公职人员，按照各种清规戒律处理各类公务，还是有一种素餐尸位的感觉。

我本山野人，樗散实懒惰。
书卷既成好，桑麻还自课。
春秋暇日多，息影有芳舍。
奈何世情误，征聘未容罢。
可怜老马心，原不贪刍莝。
一步趋一步，辛苦命前驾。
力尽未尝言，生恐又招过。
如此素餐身，难免人民骂。
况当江浦来，连遭风雪大。

天地几封闭，百鸟成饥饿。
春雪实非瑞，私心未敢贺。
欲写寒意图，复恐遭时唾。
苦念山中居，关心唯此夜。
短墙破屋下，已失袁安卧。
何日平安来？竹报一枝亚。
老景真无奈，欲去恩难赦。
浩浩市人中，相谈没一个。
幸遇东门邓，他山几切磋。
新愁添小诗，金玉曾相和。
苦辞嚼冰雪，佳境喜逢蔗。

这首诗中，林散之已经毫不掩饰自己内心的焦虑，说自己本来是山野中人，像臭椿树一样，随意生长又匆匆消亡。在乡居生活里，书卷既成，桑麻自课，生活闲适，悠哉悠哉。但世事难测，却让自己走上了另一种生活之路。

接着，林散之用一句诗描画了他的真实处境：征聘未容罢。

被政府征召，成为一名公务人员，想辞职都没有机会，只得继续接受磨练，成为一颗行政链条上的螺丝钉。

他接着继续抱怨：我本来已经身至老境，不贪图富贵，也不想吃公家的粮食，但是既然进入了公务人员行列，也只能随着行政机器的指挥，奋勇向前。我已经老了，力气用尽了，但是事情做得却不尽如人意，素餐尸位，白吃人民的俸禄，迟早会被人民骂。因此，无比怀念山居的日子，大雪连绵，天地封闭，想画一幅画，都恐怕不能与时代合拍而被人唾骂。

在雪夜，林散之继续叙说自己的士人气：在这样的大雪天，我应该独守清贫，像袁安一样，在短墙破屋内守住节气。但老景无奈，我想回家当个野民，可是却难以实现啊。县城里的生活，看上去似乎很舒适，但人海之中，却没有几个人能谈得上来。幸亏家住东门的邓先生，是个懂得诗情雅律的人，有的时候，我有了旧怨新愁，以诗记之，可以拿给他看，他也曾以韵相和，赋写新诗相赠，虽然还是嚼着冰雪，但有了诗侣的日子，就像是苦日子里碰到了甘蔗啊，那种甜甜的感觉，普通人是体会不到的。

诗言志，诗写情，诗况人生。

对林散之的诗，并不需要过度解读，但也不需要隐晦，过惯了自由自在生活的林散之，初入讲求秩序的行政框架，确实需要更多的时间来磨合与适应。在这个过程中，出现情绪的摇摆，是非常正常的。

“东门邓”，即邓西亭，曾任江浦县立第一高等小学校长，编有童蒙读物《西亭课蒙草》。

邓西亭于旧体诗写作多有心得，与林散之甚相契，与之唱和，成了林散之公务之余的心灵安慰。

这段时间内，林散之不断调整内心情绪，并多次写起了政治诗，对抗美援朝等涉及家国命运的大事件，也力求歌咏：“两字富强能认取，中朝力量实无方。”心境也渐渐从隐遁转向积极，这样的诗句，颇能展现他的变化。“闲愁争似秋来甚，又向新词吐剑芒”及“和平万岁祝无疆”这样有强烈政治意蕴的句子，也纷纷被他写入诗里。

借调文物展　再结书画缘

1952 年 12 月，林散之特邀参加了安徽省第一届各界人民代表会议，昭示着林散之的文学艺术成就已经获得了省级政府机构的认可，将其作为文化名宿，邀约到会。

1953 年，安徽省筹备国庆文物展，借调林散之到合肥短暂工作。

石谷风先生在回忆中说，“林散之和葛介屏写标签，我分工搞陈列，在一起生活、工作了几个月。”

石谷风 1935 年入北平艺术科职学校，1937 年转入北平艺专，后加入北平古物陈列所国画研究会，在这里结识了黄宾虹。

石谷风笃学好问，很得黄宾虹的赏识，常去北京西城石驸马大街后宅胡同 7 号的黄宾虹家里，向其请教画艺。他自己曾说：“我能略窥书画鉴定门径，皆是先生所赐。他教我从一点、一家入手，用极平常的方法去下笨功夫，对我一生影响至巨。”

石谷风与黄宾虹的关系，似乎比林散之与之更亲近些。石谷风原名石振华，黄宾虹觉得其名不雅，对他说：“自古以来，凡诗人画家都喜欢一个‘石’字，宋代诗人范成大，号石湖居士；明代画家沈周，字石田；清代画家石涛、石谷，还有齐白石，他们不姓石，但在名字别号中都嵌上个‘石字’，你姓石，更应该起个很雅致的名字才是。”

与人赐名，除非关系特殊，是轻易不会行此事的。自古以来，除了老师，就是皇帝有资本为人更名、赐名，普通人是没有这个权力的。

年轻的石振华觉得黄宾虹说得有道理，忙问他有什么好建议，黄宾虹说：“还是由你从《诗经》中找，因为书画与诗是分不开的，有成就的历代画家都是融诗、书、画于一体的。”石振华根据黄宾虹的指点，在《诗经·小雅》中找到一首《谷风》，其诗曰：习习谷风，维风及雨。

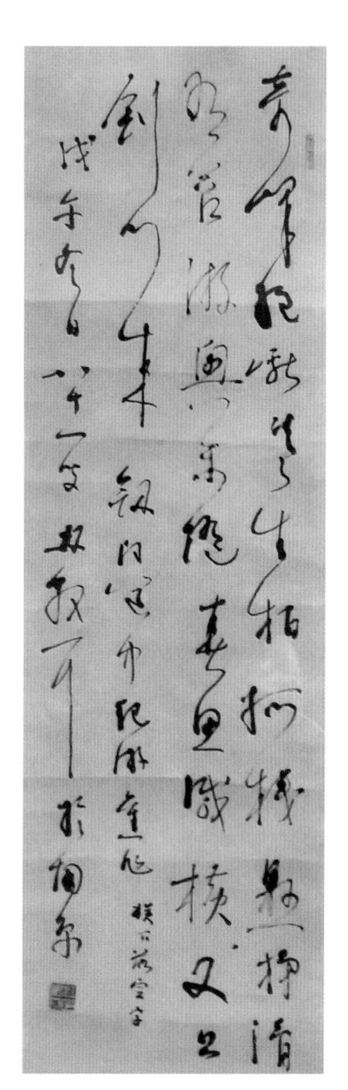
草书作品

于是决定更名为“谷风”。黄宾虹赞赏地说：“谷风，即东风，有祥瑞之意，维风及雨，就是说东风可以化雨。名字的最后一句风为上升，读起来有阻气、轻气。石谷风，多好听，这名字本身就是一幅很美的山水画卷。”

葛介屏是著名书画家、金石篆刻家、诗词学家和文物书画鉴定家，对于晚清碑学，研究甚深。

可见安徽省有关部门在商调人员时，请去的均非泛泛之辈。

石谷风在回忆中说，“林散之长我二十一岁，因为同出黄先生门下，所以在感情上很合得来，一起食宿，形影不离。林先生很是勤奋，他向懒悟和尚借了一方破砚台，从书库借来《皖人诗词》，用小楷工整抄录成两册。每天早晨五点多钟，他房间的灯就亮了，不是写字，就是画画，书则隶、楷、行、草等书体不拘一格，画则山石勾勒、树林点染，坚持练习基本功。开始在废纸上写写画画，后来同事常买宣纸请他画，他总是有求必应。把一张宣纸裁成十六开或二十四开的小册页，山水小品极为精致，一卷一卷地送人。当时我问他，这样应酬不怕麻烦吗？他总是笑着说：‘我是借别人家的纸学书画，不叫时光闲过，这种秀才人情，一举两得。’”

这是林散之的快乐时光。

合肥是省城，风景名胜尤多，而前人胜迹亦不少，无论名阁上的楹联，还是古宅里的碑刻，都令林散之无比欣喜。两个工作伙伴，又都是一时英才，比之江浦县城，自然是云泥之别。

懒悟和尚本是明教寺内的僧人，法名溪如，擅长丹青，据说曾跟从林风眠学画，并与唐云为友，林散之对他的画非常推重，而懒悟对林散之的书法，也颇为推崇。

林散之曾写诗赠懒悟，其诗曰：

云树年年别，交游淡更成。
人间懒和尚，天外瘦书生。
好纸何妨旧，颓毫更有情。
平生任疏略，墨里悟空明。

石谷风说：“林散之在明教寺住了两个多月，很少出门闲逛，也不求外面有人知道，从早到晚不停手地挥写，一个心眼地做学问。展览结束，他问调他来合肥的省文管会领导李云鹤，能否解决工作问题，回答是一时不能落实。因为天气凉了，他请假回乌

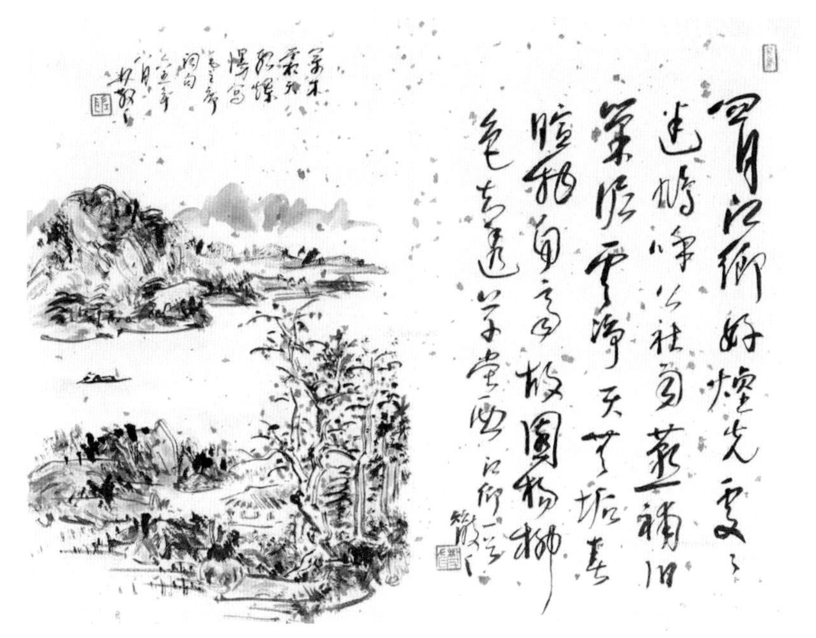

诗画作品　1965 年

江老家去了。当时，他虽不出名，但他所留下的书画却为人们赞不绝口，都说是把好手。”

石谷风也是画坛名宿，但对林散之很是推重，不惟有同门之谊，也有英雄相惜之意。

他在回忆文章中说：“不久，省里有位负责同志托我买张黄宾虹的山水画，我将买到的画送去。这位领导问我省里还有哪个画家山水画得好，我推荐了林散之。他看了林散之的画大吃一惊，并说如此大才岂能放走。即刻派人到和县乌江请林散之到省里工作，其时先生已经到江苏国画院上任去了。”

事实上，林散之到江苏画院的时间为 1962 年，正式到南京生活是 1963 年 1 月 11 日，离合肥借调，已经过去了整整十年。

曾治旧蒲圩　又修长江堤

1931年，和县大水。

受灾圩田面积达49万亩，和县成为一片汪洋，许多人无家可归，饥寒交迫。《安徽省赈务会汇刊》第一期《灾情》记载：东南沿江各圩，完全沉没，一片汪洋，茫无涯际，宛在水中，形同泽国。慨和田之淹没，民食何依，望庐舍而漂流，民居无所，且人也多溺毙，水面浮尸，惨无着落。人民均扶老携幼，避处山颠，现尚露宿于外，雨淋泥陷，饥寒交迫，呼号之声，惨不忍闻，灾情奇重，前此未闻，四顾萧条，伤心恻目。

据统计，和县灾民数约为24万人，因灾死亡860人，房屋倒塌约2.4万间。有人以诗描述水灾的惨状：万里无田庐，但见云树梢。野哭声断续，浮尸逐水草。

当时，林散之上海方归，画心正炽，不幸遇上如此大的洪灾，也是忧心如焚。因为在当地素有人望，林姓又是蒲圩的大族，原族长伯父林成璧去世后，林散之的身份，既是乡绅，又有些类似于“族长”。当救灾面粉发放时，怕被乡上的小官僚克扣，大家就一致推举林散之为“圩董”，去乌江镇领救灾粮。没想到，由于大小官僚或推诿，或拖延，或想中饱私囊，1931年已经过了，面粉还是没有到手。

林散之无奈，前往南京去找救灾委员会会长宋子京，才领取了五千袋面粉。

如何分发这五千袋面粉，显现了林散之不是一个普通的画家，更不是一介目光短浅的塾师，而是有远见有治世能力的士人。

林散之并没有把这些面粉按照人头或者家庭，全部分下去，而是采取了"以工代赈"的方法，让大家齐心协力把江堤修好，以免再次受灾。

他说："现在桃花潮汛已到，再不紧急抢修江堤，潮水一上堤就来不及了，又要受一年灾，大家日子就更难过了。现在必须紧急动员大家抢修江堤。全圩凡有劳动力的，一律要上堤挑土方，按完成土方多少分发面粉，多挑多给，少挑少给，不挑不给。完成土方数够领一袋面粉的，连同面粉袋一道拿走。实在无劳动力的灾民，适当救济。这样一来，大家必定主动、热心上堤挑土方了。"

为了打消乡民们的疑虑，林散之主动提出自己家不领一袋面粉。

他说："我家口粮还有的吃，不领一斤面粉，为大家尽点义务是应该的。各圩长要管全圩修堤，日夜辛劳，按最强劳动力发放面粉，不尽职的扣发或撤换。面粉放在我家，我家不插手管理，由各圩派一名代表共同管理。按实挑土方数开单核实，审批盖章，记账领发，按章办事，不得半点含糊。"

林散之的无私，获得了乡民的赞赏，江堤上一派热火朝天的景象，村民们争先恐后，劲头十足。

林散之以道德之高标，为乡民们做了典范，同时也身体力行，积极上堤巡查。"带着各圩长，天天赤着脚在堤上跑来跑去，检查各处圩堤工程质量和进度，随时处理一些具体问题。圩堤很快被修得又高又大，夯得结结实实。"

上面派下来监工的段长认为这是个肥私的好机会，劝林散之贪墨一千袋面粉，被林散之严词拒绝。

山水画　20世纪60年代

林散之的后人们在文章中写道："这一年，除我们家外，全蒲圩的人都穿着用面粉袋做的各式各样的衣裤。附近几十里的人，一看见穿着印有面粉厂招牌字样衣服的，就知道准是蒲圩的人。"

1954年，长江再发洪水，比1931年的那场更大，堪称"百年一遇"。

1931年大水，武汉关最高水位28.28米，而1954年大水，武汉关最高水位达到29.73米，比1931年整整高了1.45米。

而林散之的家乡和县，淹没了229个圩口、70多万亩良田。

那些日子，林散之恰好在家乡，也"天天上江堤巡视"。为了支援抢险，他把家中后山的竹子和树木都让人砍了，去护堤固圩。

一个知识分子的爱居，若无摇曳的竹子，就少了精神寄托，他心爱的"江上草堂"，几乎变得光秃秃。但在他看来，大洪水面前，个人的一切都值得为群体付出。

水实在是太大了，破圩而出，人们只得向丘陵地带撤退。57岁的林散之险些被洪水卷走，幸得农民们结成人链，青年农民高华衮和王国栋一左一右夹住他的臂膀，才把他拖离危险区。

曾任江浦县委书记的蒋逸成先生回忆说，“林散之是江浦县林山乡（今乌江镇）人，他自己家虽在高冈上，但多次目睹过长江大潮破堤后的惨状。1931年，33岁的林散之身为国民政府的乡村小吏，救灾时不但不曾像其他贪官污吏那样私吞救灾款项，反而把自家的粮食、衣物发给灾民。1954年，林家所在的东林浦圩被全面冲垮，江浦全境多处破圩、田地被淹。那时江浦全县人口不足二十万，资金短缺，扬州地委遂调靖江、泰兴两处民工支援。”

1956年12月，已经快59岁的林散之升任江浦县副县长。

据金万泉先生撰文介绍：“林散之先生1956年以开明人士身份，被选为副县长，至1966年5月‘文化大革命’爆发前夕，前后十余年。他主要分管文教、卫生及民政方面工作。他的办公室在县政府大院内，一间不足十二平方米的平房。当时我在县政府当秘书，和他接触较多。我看到他的办公桌上有毛笔、砚台，正常上班时间却很少看到他用毛笔写字画画。日常他批文、批条子大多用钢笔。”

《林散之》一书写道：“1956年12月，父亲被任命为副县长时，起初是让他分管福利工作。县里干部经济困难申请补助的报告，由父亲批准领钱。大凡这类报告都会写家庭经济如何如何困难等等。父亲从未当过‘首长’，也从未经历过这类事情，以为既然报告上说得那么困难，自然应该补助。于是收到这类报告后都签上自己的名字。过了一段时间，财务科长急了，跑来对父亲说：‘林副县长，你哪能这样批条子？我们哪来那么多钱补助？'"

林散之菩萨心肠，大约也不相信人们会在这样的事情上撒谎，因此看上去似乎有些不合时宜，后来就不再安排他分管福利工作了。

林散之的孩子们撰文写道：1957年5月，开展"整风"，接着"大鸣大放"，县委、县政府大院贴满了大字报。父亲的"林副县长办公室"门两侧也贴了一份大字报：右侧写着"阿弥陀佛"，左侧写着"有求必应"。别人看到这份"大字报"，皆忍俊不止。"大鸣大放"期间，这是别人贴父亲的唯一的一张大字报。

其时，林散之作为书法家在江浦县也颇为知名，当时的县委书记方明，就非常看重他的才能，认为当副县长未得其任。

林散之为官"有求必应"，为人更是如此。有人求他写书法，他从不回绝。

江浦人杨玲撰文回忆说，林散之待人极其谦和，杨玲的父亲当时是乡里的干部，带着上小学五年级的她去见副县长林散之，林散之就同她的父亲拉家常，乡里的、村里的大事小事，从邻里起居，到农田收成，无不问起。

第六章

层空欲上：江浦画『春修』得友漫成诗

林散之越来越适应公务人员的身份，也越来越喜欢县城里的生活。

他的诗里不再提『隐遁』这样的字眼，回到故居，也是去告别，而不再提重回乡野，老死田园。

林散之的大半生都是一个对乡里社会有贡献的『士』，而不是一个具有文化影响力的诗人或者画家。直到他五十八岁成为副县长，社会交往面广了，与知名文化人的互动多了，才渐渐地进入安徽和江苏范围的文化圈子，但在全国范围内仍然没有知名度。

层空我欲上　风力怯扶摇

林散之的情绪变得好了起来，对未来充满信心。

在《秋日偕俞韶九、王元章两厂长游牛首山二首》中，看得出他雄心万丈，对未来十分期待。

其一

又作寻山兴，攀登友共邀。

白云秋蔼蔼，黄草路迢迢。

人事江河变，天光吴楚交。

层空我欲上，风力怯扶摇。

其二

马鞍一脉远，牛首两峰高。

壁垒存中夏，楼台冷六朝。

大雄我佛力，小劫众生劳。

不尽低回久，沧江正怒潮。

第一首诗，起句只是铺垫，但到了第二句，就暴露了他的心境：满天白云，象征他的高洁之志，腾达之思。秋色蔼蔼，正如他的年纪，不是青葱岁月，但也秋色怡人。黄草半衰，象征着明知老知将至，但志者知也无涯，可以直达远方。第三句或许正是他对自己人生轨迹变化的感慨：身份改换之大，有如江河之变，未来是

《日长林静图》

什么，还远没有看到，犹如远远的天边，吴楚交界，大路正远。

到了尾句，他已经不需掩饰自己的进取心，但也透露出些许的不自信，因此一方面积极表达着自己对未来的期许“层空我欲上”，一方面又担心着前进路上的不确定性，对自己是否能够到达理想之境，也略有疑虑，“风力怯扶摇”。

第二首诗，同样以诗言志，人生太多时间在低处徘徊，现在，终于可以从高处冲决而出，发出巨大的回响。

在林散之的同期诗作中，快乐的、实现人生价值的诗占了大多数。

在《栖霞山记游四首》中，林散之已经变得与从前判若两人了。

草书作品

其一

遗迹南朝一迳斜，清和此日到栖霞。
黄尘已醒三秋梦，红叶如开二月花。
理想人生成现实，虚空世界入繁华。
为除烦渴寻僧去，买得名泉漫煮茶。

其二

迷离往事去悠悠，古寺今来认旧游。
大好山河骀荡日，上方楼阁艳阳秋。
已看朱紫霜前老，谁把丹青云外留。
多少游人情不倦，香花笑插老夫头。

其三

摩崖扶磴友同登，胜境重开锦绣屏。
色相有情千佛冷，风光无恙一山灵。
吹来木叶层层紫，别后浮峦段段青。
几度迟回悬望处，江东犹有暮云停。

其四

寒山如睡梦匆匆，唤醒灵魂一脉通。

负险当年曾伏虎，在天此日有飞龙。

光芒日月秋千丈，际会风云路万重。

留恋不知归去晚，诗成冷透夕阳峰。

在第一首诗里，林散之表达了自己的理想主义情怀，不甘心苦居乡里，虽然春夏匆匆，也期望繁华一秋。因此，以诗表达老而有志的心境，虽为秋叶，却如二月之花，同样红得灿烂。自己的理想人生，终于在现实世界得以落地，行在秋阳里，如坐春风中。

心境的大不同，还在于诗的尾句：寻僧除渴，这般出世的事情，也要做得入世，要买名泉水，才可煮香茶。

第二首诗“香花笑插老夫头”，一句活画出林散之人老心不老的劲头儿。第三首诗，“层层紫”的深层寓意，还是一种对名声的渴求，而“段段青”同样是心志蓬勃向上的象征。尾句的“犹有暮云停”，其实就是他自己的写照：暮云灿烂，当空飘荡，人居高处，目力无所不及。

第四首诗则通篇是对当下状态的揭示：“在天此日有飞龙”，寓其志存高远，虽为人中龙，却久居尘埃地，终于得以飞上九重霄，任意遨游。有诗，有画，有社会声望，此时的林散之正是风云际会，光芒千丈，前程无量，当此时节，让人无比留恋，竟然不知天色已晚。

画成“春修图” 欲比张择端

到了江浦后，林散之的画名渐显。1953 年，他的作品《峨眉纪游》送到北京去参加全国美术展览。1954 年，他参加了江苏省文学艺术工作者联合会，成为美术工作会的会员。1955 年，创作了他自认为非常重要的三件作品《江浦春修图》《三峡夜航》和《剑阁》。

4 月，历时 15 天创作的《江浦春修图》完成，林散之对此画非常满意。此画被一些研究者称为治水版的《清明上河图》，是一幅现代人的治水风俗画。画面宏伟壮观，其主人公也像《清明上河图》一样，是普通的民众。这些筑坝修堤民工，有的挑土方，有的夯实堤面，有的拉绳放样。

研究者邵川先生对这幅画进行了详细统计：全图长 237.5 厘米，宽 33 厘米。共有人物 635 个，其中：赶毛驴的十人、牧牛的十三人、看田的一人、耕田的四人、挑柴的十一人、挑货郎担的二

《江浦春修图》

人、烧窑的六人、画家二人、干部九人、邮递员一人、行船的十二人、炊事员七人、民工打夯的九组七十二人。另有水牛十六头、黄牛一头、毛驴四十头、自行车二辆、木船二十七艘、轮船二艘、木筏一个、房舍五十三座、电线杆十一根、工厂一座。

林散之后来还为自己的这幅得意之作写了一篇长跋:“一九五四年洪水为灾，漫滤各省，为近百年所未有，江浦好田同遭覆没。五五年春，人民政府本天下人民一家精神，发动靖江、泰兴数万民工支援江浦，不数月而大堤告竣，且质量超过原堤一倍，几年来获得丰收，其功甚伟，尤以五八年大跃进，全部河网化，实行电灌，水利工程又异前日，今后水涝旱灾可保无虞。兹图系五五年所作，纪念靖江、泰兴二县帮助江浦修堤劳动情况。近江苏政协举办书画艺术展览，复检此图以充滥竽之数，幸知者有以教之。一九五九年元月散之记。”

江浦大水灾时民工负责人之一的王永高回忆道:身为江浦县副县长的林散之对这一切(1954年大水灾时各方面抢险的情况)是了如指掌的，因此才欣然命笔，饱蘸激情，描出了这气势恢弘的历史画卷。

南京书画院院长刘灿铭认为，林散之的《江浦春修图》长卷是

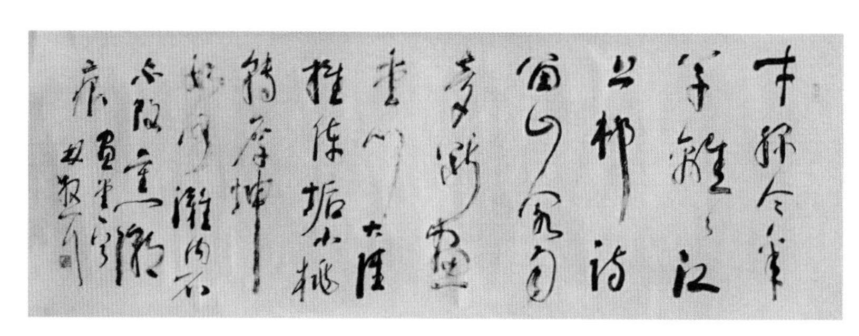

草书作品

中华人民共和国成立后国画界最早反映现实生活的名作之一。画卷描绘了 1954 年洪水为灾时，靖江泰兴二县帮助江浦修堤劳动时的场景。画作的题字上详细记录了水灾的严重、江浦修堤的进度与成果，洋溢着对于人民劳动力量的赞美和国家水利工程进步的赞叹。

百代谁拔俗？有竹自干宵

人至六十，耳顺心平。而大器晚成的林散之，六十岁才刚刚到事业的起步期。

这一时期，林散之心情大好，在诗里，处处涌现着他的热情。

在《六十春怀，有忆草堂，雪中寄示子退、朴奄诸友》的诗中，他毫不掩饰自己的进取心："自是病羸怜老马，敢因腾翥羡飞龙。无边气象开春岸，不断光辉耀夕峰。岁首峥嵘时漾演，万方日出海天红。"

一边是有病初愈，感叹身体如老马，已显羸弱，另一边则因为"腾翥"即升官进爵而艳羡飞龙，独步天空，悠游自在。在他的眼里，即将到来的春天，气象无边，生机无限，光辉闪烁，把晚年的时光照耀得亮亮堂堂。"耀夕峰"几字，已经明白无误地把诗的暗喻指向自己。

他的时代来临了，万方日出，映照得海天一片，皆是象征腾达的红色。

言犹未尽，诗有未达，他一连气写了八首，在另一首诗中，也同样表达了这样乐观的情绪。

无才伴食愧贤劳，苦系邱园路正遥。
百代谁人能拔俗？三冬有竹自干霄。
平章秋色当时兴，管领春光此日豪。

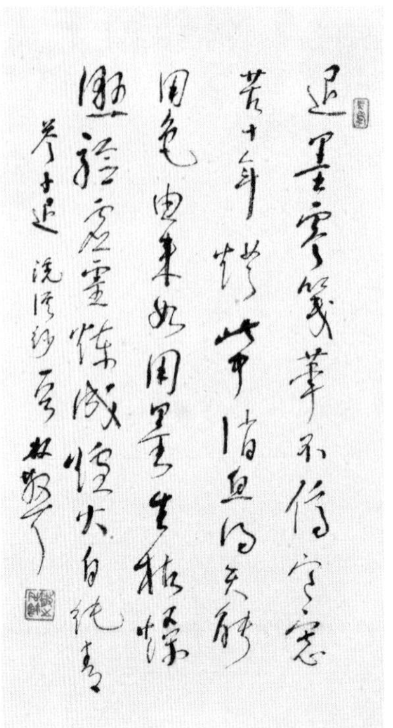

自书诗配画

眼见一番风信好，又吹新绿到林皋。

林散之对自己的才能非常自信，百代拔俗，创新高标，内心长久积聚的东西，终将脱颖而出，就像隐于三冬地下的竹子，春风一吹，就会拔节而长，直插云霄。一条曾经久蛰乡野的飞龙，终于可以冲天而起，过去，只能作为旁观者品评秋色，现在却可以管理春光，这样的心情，确实与过往有天壤之别。好风凭借力，送我上青云。林散之也相信一个新的时代来临了，而且不会是一阵风过就不了了之，会把新绿一直送向远方。

在诗中，他刚刚吟罢“喜绝宾鸿来有信，几回企望暮云高”，马上就喜滋滋地高歌“消息梅花春信早，春光先报老夫家”。

1958年春，恰逢人日，林散之心有所感，自己的一切，皆来自国家，来自于这个好时代。因此，真诚地赞颂道：“念我樗散人，几蒙国恩恤。”“眼见好时代，百废从头举。”

随着政治地位的上升，林散之的社会交往面日渐扩大，一些南京及江苏各地的文化名士，也或多或少地与他有了各种交集。

1956年，政协江苏省委员会创办了江苏省各界人士政治学校。同年，江苏省民主建国会、江苏省工商业联合会创办了“江苏省工商界政治学校”。1958年两校合并，成立“江苏省各界人士政治学校”。

1956年9月，林散之作为第一期学员，到南京参加了江苏省各界人士政治学校学习，学期4个月，共有106位各界人士参加。由于参加者都是各地的知名人士，林散之的交往面也随之扩大。

对这次学习，林散之心有所动，直接用《学习》来做诗的题目，记述自己的感受：

其一

分别网罗各界人，一堂学习自情亲。
乃从唯物翻今古，独把玄言辨伪真。
世事万千穷碧落，年华六十返青春。
山河无限秋如锦，正是江南气象新。

其二

大气钟灵马克思，精微真理足为师。
阴阳本自经常变，宇宙原来是可知。

林散之在南京林学院

风雨几回惭故我，烟花无尽赏今时。
和平处处年光转，写得新诗当祝词。

也正是在进入这个学习班学习之后，1956 年的 12 月，林散之当选为江浦县的副县长。

1958 年 12 月 14 日，政协南京市第二届委员会召开，彭冲为主席，副主席有何冰皓、王昭铨、范存忠、胡小石、徐美峰，秘书长为王蕴石，林散之以“特别邀请人士”的身份参加了会议，并当选为常务委员。

这是确认林散之文化身份的一个重要转折点，意味着他已经走到了人生的第三个阶段，即第一阶段的乌江磨练，第二阶段的江浦蛰伏，到了第三阶段的南京扬名，成为这座南方文化中心里的知名人物。

通过这次会议，林散之结识了南京文化名流胡小石、陈方恪、陈延杰等人，有了一批新的诗朋画友。

曾任江苏省文史馆馆员、南京市文管会委员的南京金陵大学教授陈延杰，民国时以一部《诗品注》引起广泛关注，所著《周易程传参正》虽然未能广为人知，但在学术界有着良好的口碑。

陈延杰也是一位有名的诗人，学养丰厚，林散之曾经与他多次见面。在《赠陈延杰》中，林散之如是写道：

我识江南陈仲子，几番佳会尽盘桓。
奇文自爱半山瘦，古貌能存东野寒。
倾盖暮年殊亦得，披襟此日有同欢。

他时待访青溪路，再把新图写武丹。

林散之把自己与陈延杰的相逢，比如倾盖之交，认为这在暮年之时，非常难得。因此，诗中表达了再与之相聚的愿望。

胡小石是知名的文字学家、文学家、史学家、书法家，曾任南京大学中文系教授兼系主任、文学院院长。

在林散之的《江上诗存》里，收有这一时期他写给胡小石的两首诗。其《题写蜀江旧游图，赠胡小石教授》详细描述了两人的相识经过，也真诚地表达了自己对这位前辈诗人的敬仰。

一九五九年春节，会议召开市政协。
一堂济济尽耆英，始认人间胡小石。
丹颜渥渥气舒舒，白发皤皤神奕奕。
既接以言交以道，蔼然拂我风习习。
因缘文字证同心，乍见翻疑旧相识。
回头忽忆少年日，各治所学日求益。
君攻金石我艺文，嗜好不同有华实。
君名早自震人寰，我独穷乡滞行迹。
两不相及风马牛，一居江南一江北。
平生素昧空仰止，风雨怀思永晨夕。
念我年今逾花甲，与君同老头初白。
青春倘许趁余年，点染山川有笔墨。
聊将此纸报先生，写我胸中之所积。
一水一石溯从前，怵目惊心旧游历。
师古慕古逊难能，十日五日惭弗及。

山水画　1961 年

起句用了数字，并直接以会议名称入诗，大约是林散之这一时期力图诗出新意的尝试，但未知胡小石作何评价。大约是惺惺相惜之故，让林散之有曾为旧识的错觉。他很感谢新社会给自己的新际遇，不然，很难结识像胡小石这样的文坛名宿。因此，发自内心地说“君名早自震人寰，我独穷乡滞行迹”。虽然对胡君景仰多多，但林散之也不自惭形秽，而是换了个话题，说两个人在不同的领域，各有所获：“君攻金石我艺文，嗜好不同有华实。”

林散之后来终成一代宗师，或许正因为内心深处有这样的自信。

诗中，林散之再次向世人展现了他不服老

的心态："青春倘许趁余年，点染山川有笔墨。"由于是会议期间相识，会散人即散，林散之还要回到江浦，他也对与胡小石的相识颇为珍惜。

不久，他有另一首诗《赠胡小石教授》，抒写了别后景况：

别后伊人总慕思，连江寒雨正丝丝。
爱垂小卷曾题字，契合中林亦赠诗。
几日同怀心共远，名山有愿梦偏迟。
书成又误今年约，辜负云空雁到时。

这次会上，林散之还结识了画坛闻人陈衡恪的弟弟陈方恪。陈方恪当时诗名很盛，自称"每日夜温经若干页，圈点子史若干页，背诵辞章若干篇"。曾被誉为"一代才人"。

林散之有诗《一九五八年冬暮，留别陈方恪、陈延杰诸君》：

烟景南朝事未阑，多娇此日看河山。
且从词赋寻江总，敢向豪华忆谢安。
思想早随时代改，心情欲共海天宽。
一枝春放梅花好，愿结因缘共岁寒。

由于是写给两个人，因此并没有记述个人之间的交往与情感，只是粗略地描述了诗人们进入新时代之后，思想都已经接受了改造，内心的世界不再是过去的小我情怀，而是有了质的提升，能够容纳海天。同时表示愿意与他们长久交往，在诗歌的世界里共为君子。

后来，林散之又有两首诗，单独赠给陈方恪。

其一

万里云天雁到迟，迢迢书字总相思。

霜花冷透江南岸，正是痴人独咏诗。

其二

一去尘沙不住因，每从此处认前身。

秋林自是今年好，淡紫深红爱煞人。

林筱之（林散之长子）《江上草堂》

林散之的书名，渐渐在南京文化界传开。1961 年，南京市文联组织书法家研习，请了两位讲座人，一位是康有为的女弟子萧娴，另一位就是林散之。

萧娴少年就名噪天下，其父曾为孙科秘书，与民国闻人多有交往。康有为见到萧娴 13 岁时所书《散氏盘》铭文后，欣然赠诗云：“笄女萧娴写散盘，雄深苍浑此才难；应惊长老咸避舍，卫管重来主坫坛。”而民国的另一个文化名人章士钊，曾为她写过一首词，刊登在《新民晚报》上，词云：“大字雄奇小字腴，黄庭亲见写成初；匆匆二十年华过，犹记榕阴卷袖余。郎意苦，父书芜，魏公援手旧模糊，伤心老滞秦关客，却答文姬陇上书。”

能与萧娴同时讲座，也是林散之在书坛上渐获名声的一个重要标志。

林散之后来调入江苏国画院，是以画家身份。而此次以书法家身份与萧娴共同讲座，说明时人对他的认知是多方面的，即不只是画家，而同时是书法家，甚至诗人。

1962 年 1 月，南京召开第三次文学艺术工作者代表大会，林散之当选为副主席。

樗散取一格，好风送过江

1962年6月3日，林散之参加江苏省政协第二届委员会第二次会议，会上结识了诸多江苏文化界的名流，林散之写道："东南耆宿，晦明风雨，雅聚一堂，促膝倾谈，席间唱和，缀拾成编。"

爱诗如命的林散之，写了多首与这些名流的唱和之作，从程小青，到钱松喦、余彤甫、俞剑华、范烟桥，再到柴德庚，都与之诗书往还。

他的一首《良月》，隐约传达了他的心绪。

良月照窗户，微风吹砚池。
诗留今夜约，梦结一春思。
文字惊新宠，因缘结旧私。
奈何寸心事，虚博世贤知。

林散之确实如潜龙跃渊，诗名、画名、书名都有"世贤知"，再也不是蛰居乌江山村的那个塾师。而曾经在南京市担任市委书记的彭冲，就是一个赏识他的"世贤"。

彭冲同志非常重视文化工作，江苏国画院成立时，他将著名的江南园林、原太平天国天王府、民国总统府的西花园批给画院当办公地址。1962年，彭冲找到江苏国画院的副院长亚明，让他想办法把林散之调入国画院工作，并且说可以同时兼任江浦的副县长。

1978年11月2日，林散之也在一篇文章中谈到了这件事："1962年由彭冲书记培养到国画院任画师。今老矣，一事无成，辜负国恩，徒呼罪过。"

"辜负国恩，徒呼罪过"之语，显然只是谦词，此时的林散之，早已经名扬海外，成为中国书法界的扛鼎人物。

能够到南京工作，不惟对林散之，对于他的家人来说，也是一件欣喜之事。林散之也写了《过江》诗，来宣泄内心的喜悦之情。

其一

为有东皇诏，蒲轮日日催。

已辞鸥鸟去，且供鲫鱼来。

春色江南早，梅花湖上开。

真成名士罪，踌驳负人才。

其二

往日徘徊处，于今作久留。

湖波爱玄武，诗梦惜青邱。

北极星仍迴，东方岁正遒。

来宾念鸿雁，先我宿菱洲。

至南京后，林散之住在中央路117号一座欧式的两层楼房内，楼上是画家钱松喦，林家住楼下，共有4个房间，有一间专门的画室兼会客室。楼前植有十余株树，门外不远处，就是玄武湖。

对这处新居，林散之非常满意，信手写了《新居》诗，毫不隐藏内心的欣悦。

其一

已从旧尘脱形骸，几度人间作吏才。

樗散犹能取一格，好风送我过江来。

其二

平生出处总无求，湖上新居作暂谋。

怜老相依有宾鹊，春寒夜夜伴高楼。

林散之在江浦的住处，只有一间屋子，窄小逼仄。而画院给他的房子，大到里面有卫生间。这还只是表象上的差异，从社会地位、影响方面，他更是与过去判若两人，仿佛脱离了旧形骸一般。在江浦虽然是副县长的身份，但对他而言，同样是行政人员，与他一生追慕的诗文画艺，相去甚远。

年过花甲，却能有这样的际遇，对他而言，是梦里也没有想过的事儿。对此，他只能感叹命运待他不薄，机会来临，好风凭借力，送他上青云。

钱松嵒也是知名画家，林散之与其同住一楼，相处甚好。1963年的春节，林散之写了一首诗《一九六三年春节，新居湖上，感激有怀，写奉楼上钱松嵒同志》：

乃从吉日卜新巢，麟凤何期得订交。

松影当留三径月，滩声犹听太湖潮。

江南文物今年早，塞上春光旧梦遥。

大好山河都是稿，浅深我欲共君描。

林散之在诗中作了小注，所谓松影云云，是他们的院中“小松亭亭，几疑江上草堂松木”。而太湖潮云云，则因“钱君无锡人，家有湖山之美”。“塞上春光”也是特指，“君（钱松嵒）有塞上春光写生册刊行，而余昔游陕南北，回首已三十余年矣”。

林散之已经对自己社会贤达的身份有了自我认知，因此，把与钱松嵒的友谊，明确地称之为“麟凤订交”，而对于画艺之道，彼此惺惺相惜，对未来的岁月，有着美好的期许，希望可以画遍大好河山，无论墨色浅深，只要“共君描”，便是人生至乐。

在画院的日子，除了自己读书、写诗、作画，偶尔相聚雅集，也是林散之此前的生活中所缺少的，因此，他非常乐于参加这些活动，并时常以诗记之。

据石谷风先生回忆，林散之在江苏国画院的好日子并不长，“林散之到了南京画院后，因为当时的政治

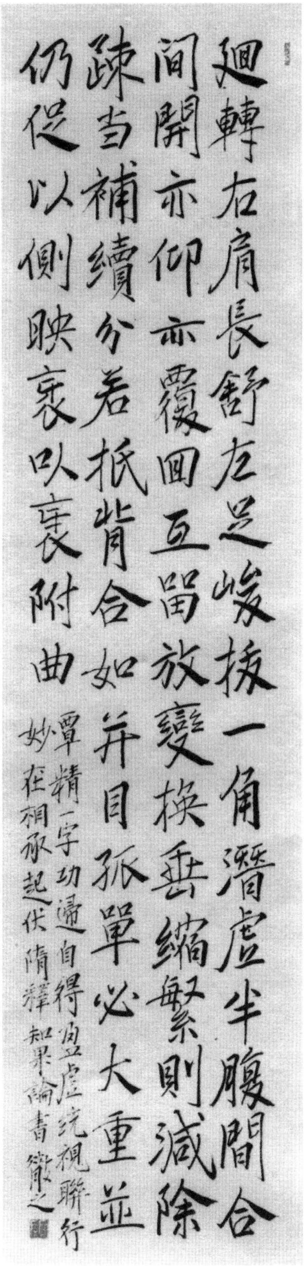

《楷书节录智果书颂》 1953 年

气候影响，也受过排挤。他的山水画崇尚新安画派，有黄先生的风貌，于是有人说他‘不敢越雷池一步’‘抱宾虹’，‘章法陈旧，没有变化。’画中矮矮的亭子，布衣老叟持杖观山，画面黑不溜秋，说是‘没有现代意识’。画院组织画家万里长江写生，没让他去。正好那时候，我在黄山宾馆，一天躺在床上看见前面过去一人，好像林散之，即问服务员，得知真是他时，赶去见面：‘你怎么一个人住在黄山？’林说，‘画院的人去写生了，他们走他们的阳关道，我过我的独木桥。’”

另一则资料，似乎佐证了这个观点。

1964 年 2 月，林散之作了一幅《冬山》图，不料却被批评。

他的次子林昌庚在《父亲艺术生涯的历史转折点》中写道，当时我国政治气氛已经有些异常，有一位上级领导提出，山水画内容也要结合政治，例如，要求用山水画内容去宣传“学习雷锋”等等。江苏国画院也接到上级指示，要求每位画师画一幅反映毛主席诗词《咏梅》内容的国画，并告之这是“政治任务”，必须完成。

林昌庚在文章中说：（父亲）苦思冥想，最后勉强想出了按照“待到山花烂漫时，她在丛中笑”这两句诗的意思画了这幅画交了上去。后来传下话来，说“上级领导”批评这幅画画面太黑、太阴暗，是给社会主义抹黑。

林昌庚说：“父亲自幼耳聋，对政治从来知之甚少，也不愿过问，要求他作画一定要结合政治，自感非自己力所能及，弄不好还可能惹出祸来。于是他下了一个天大的决心：‘放弃国画，专攻书法。’”

但从史料来看，“放弃国画，专攻书法”的说法似乎难以印证。因为其后林散之即带家人去黄山写生，并于 1965 年 3 月与画院诸公在傅抱石院长的带领下漫游江苏各地，实地写生。

一些重要的书画雅集活动，林散之也受到了邀请。

《江上诗存》收录了他写于1965年一次雅集之后的诗，诗无标题，却有长长的跋。

“六五年六月中旬，瞻园修建完成。南京市委书记徐步，由夏冰流、裴海萍两同志，邀约画院傅抱石、钱松嵒二老，并余同来参观。水石花木，焕然更新，千秋革命，地以人传，瞻园有幸矣。感兴率成四绝，以志瞻仰。”

林散之的诗里，充溢着当时盛行的“太平天国革命史观”，但诗句所咏泛泛，较为平庸。

其一

瞻园有幸成王府，我爱英雄杨秀清。

热血如花红处处，太平天国事分明。

其二

一百余年遗迹在，旧园竹石认东王。

于今革命辉前烈，红色花开照四方。

其三

不同时代出奇才，石叠玲珑峰正开。

自是人工夺天巧，看他飞瀑半空来。

其四

一园花木太精神，地以人传有素因。

水上楼台花外石，相依不朽万年春。

这次雅集的召集者是彭冲，参加这场雅集的画家，除了林散之，还有傅抱石、钱松嵒、宋文治、夏冰流。

邵川先生在一篇文章里，描述了雅集的场景：

“老画家们参观赏玩并绘事完毕后，便休息吃茶。夏冰流趁此机会，当场画了一幅墨竹，准备请教诸位画家。林散之此时正站在一旁观看夏老挥毫作画，刚画完，便夸奖起来：‘好，这幅画得很好!把这结顶上再来一笔。’夏老当即添了一笔，正准备添上第二笔时，林老连忙用手盖着画说：‘不能动。’并喊傅抱石先生：‘傅老，你来看看。’傅老走过来一看，连说：‘不错，不错，很有板桥味道。钱老，你也过来看看。’钱老看过之后，称赞说：‘有石涛的味道。’”

林散之、宋文治书韵画意

夏冰流也是一位老资格的革命干部，1962 年，夏冰流因病休养期间，受中共南京市委书记彭冲鼓励，再事水墨兰竹创作，在此领域颇有心得。

短短的一则轶事，也让我们看出画家的审美差异：夏冰流画竹，傅抱石从中看出了郑板桥的味道，但钱松嵒却说像石涛，而林散之最后认同了傅抱石。

第七章 扬州萍寄：羡彼小麻雀 泊然两无营

妻子仙逝，对林散之打击颇深。原来只有左耳听力不好，经此生离死别，两耳全部失聪。

妻子病重之时，林散之的女儿林荪若在为宣传标语配画时，画了松树、草和石头，却被别有用心者诬为有政治喻指，被打成『现行反革命』，自戕未竟，对林散之影响非常之大。

『破四旧』开始，林散之乌江旧宅被抄家，大量书画作品与艺术旧藏被毁。

这是林散之生命中的艰难时刻。

佳色留红树　归期负碧山

1966年初，林散之的妻子盛德粹突然身体不适，胸部和腰部剧痛。经名医诊治，病情好转，家人并未意识到，这是一个非常不好的信号。

5月，病势更重，进食困难。遍请名医，诸法皆施，而药效不彰。在儿女们的劝说下，盛德粹住进了江苏医院，检查结果，是当时令人谈之色变的胃癌。

盛德粹对生命看得通透，自知药石无力，生命有期，在用了各种民间土方及其他治疗方法无效后，选择回家坦然接受命运的安排。8月24日，67岁的她，离开了人世。

这个打击对林散之异常之大，原来只有左耳听力不好，经此生离死别，两耳全部失聪。

在这样心志煎熬的境况下，又逢病来，其心其身，均连遭摧残。林散之写下了《病思》两首：

其一

小圃三年筑，心清爱晚芳。

菜留春不老，花种夜来香。

已澈多罗界，难驰众妙场。

六根已断一，喧寂两无妨。

其二

往事遗尘躅，惊心一梦才。

病回钟阜雨，春老石城苔。

已失三年艾，犹占五月梅。

不乱双耳净，时听半天雷。

“多罗界”“众妙场”“六根”都是佛教用语。一向爱在诗中引用佛教词汇的林散之，大约也只能用佛教来安顿内心，抚慰受伤的灵魂。

一年后，林散之写了一首《往事》，来怀念妻子。

往事匆匆迹已陈，又逢冬至小阳春。

百年未了今生债，一念犹存不住因。

儿女冤家关外月，夫妻缘会梦中尘。

新潮旧雨窗前是，为洗多惭七垢身。

“不住因”，是佛教词汇“不住因果”的简写，“儿女冤家”“夫妻缘会”，都如启功所说，是些“禅和子语”。而“七垢”，是佛家认为能够污染人心的七种障碍，即欲垢、见垢、疑垢、慢垢、憍垢、随眠垢和悭垢。

诗的标题没有明确写明与思妻有关，但诗里的语词，却多指向生死大事与人生烦恼。

盛德粹病重时，林散之的女儿林荪若在为宣传标语配画时，画了松树、草和石头，却被别有用心者诬为有政治喻指，被打成“现行反革命”，自戕未竟，对林散之影响非常大。

“破四旧”开始，林散之乌江旧宅被抄家，大量书画作品与艺

山水画作　1976 年

术旧藏被毁。随着斗争持续深入，亚明等林散之的画院同事被批斗，林散之也是朝夕难保，加之妻子去世后，林散之独自生活困难很大，因此向画院请假，希望去扬州女儿荇若处暂住。

当时，画院能负责的领导人只有办公室主任音铭，林散之的子女去找他帮忙，音铭同意林散之前往扬州，还开了一张证明。

由是，林散之开始了七年的扬州寓居生活。

1966 年 9 月，林散之带着他的随身宝贝——一只藤篮出发了，里面放着《江上诗存》的全部诗稿、少量书籍和他写诗濡墨所需的文房四宝。

那段日子，林散之内心非常寂寞，一度有过皈依佛门的想法。

到达扬州后，孤寂中他不断想起妻子，作《忏悔》九首，用歌诗表达对夫人的思念之情。

其一

自识人间有别离，奈何身受痛如斯。
挽歌熙伯虚成字，惜誓灵均苦作词。
佳色相留红树早，归期已负碧山迟。

昨宵又惧生前约，冷梦扬州八月时。

其二

黄草萧萧霜露侵，月明湖上路空寻。

张华愁思闲情在，杜牧伤春别恨深。

心似秋鸿归有泪，身如寒狖夜长吟。

党恩毕竟怜才老，犹许风光胜地临。

其三

岂忍丧门忆镜奁，凄凉曾照鬓纤纤。

身残祗为劳儿女，力竭皆因累米盐。

辛苦寒灯终岁活，吉凶画阁一时占。

频年补衲知多少，线线堪怜到指尖。

其四

燕婉春风记岁华，双双同拜丈人家。

入门喜接娇生女，迎路争看姑少爷。

红袖青衫满堂客，琼林玉树一溪花。

尘尘往事分明记，回首丝萝梦已赊。

其五

百合香遗旧洞房，小词曾谱贺新郎。

桃华处处春宜笑，竹叶年年喜共尝。

自分遐龄齐福禄，那堪中道独归藏。

弥留苦语仍分付，不死如余岂敢忘。

其六

又从燕燕忆双飞，陌上花开送汝归。

正是一年春最好，恰逢三月草初肥。

天长日暖人同倦，涧碧溪红树四围。

四十七年如隔世，林峦依旧事全非。

其七

昔日家贫仗砚田，生涯苦共束修钱。

竿头百尺期前进，石上三生契宿缘。

草阁春留梅子雨，寒闺香趁杏花天。

鳞鳞比目鹣鹣鸟，形影相依数十年。

其八

山有青桐江有枫，伤心人对夕阳红。

梦回灵匣怜新鬼，泪湿空林泣病蛩。

天外尘沙秋漠漠，人间景物岁匆匆。

夜来忏悔真无限，辜负同衾恨未终。

其九

平生芳躅已尘埃，白首心期事未谐。

鬓影当年留结发，灵光此日剩遗灰。

灯前作诔恩潘岳，江上招魂惜景差。

泉路相逢知不远，千秋好伴永追陪。

第一首诗，多处用典。熙伯，即三国时的文人缪袭，有名作

《挽歌诗》传世。钟嵘评他的作品“唯以造哀尔”。但林散之此处只引用了熙伯诗的第一重境界，即挽歌，借以表达对妻子的悼念。虽然林散之志趣向佛，但与三国时浓郁的道家情思不同，面对生死，还没有达到熙伯那样超然的态度。熙伯的《挽歌诗》“生时游国都，死没弃中野。朝发高堂上，暮宿黄泉下。白日入虞渊，悬车息驷马。造化虽神明，安能复存我？自古皆有然，谁能离此者。”前几句都写了生命的无常，中间强调这就是规律，我既然也是普通人，神明不可能特别眷顾我。尾句的感怀颇类庄子，古今皆同，有生有死，如季节之有春夏，气候之有冷暖。

灵均则是屈原的字，林散之认为他的诗同样寄托了哀伤与缅怀。“碧山”也是诗人们喜欢用的词汇，借指美好的精神家园。无论是李白的“问余何意栖碧山，笑而不答心自闲”、杜牧的“惊飞远映碧山去，一树梨花落晚风”，还是冯延巳的“芳草长川，柳映危桥桥下路，归鸿飞，行人去，碧山边”都为自己设置了一个梦中的心灵归宿——碧山。

林散之在诗中感慨，与妻子的相见，只能在梦中，但昨晚的梦里，自己却没能赴约。这是一种无力的绝望，人无从把握自己，无从表示情思的追怀，而梦里又不断失约，这或许暗含着自己的不断辜负，因此更加无奈与自责。

其余几首诗，回忆了妻子一生为家庭操劳、为自己和儿女们补衲的情景；回忆妻子初嫁，姑爷登门的少年时光；回忆洞房花烛，诗人自填《贺新郎》；回忆两个人在一起相濡以沫四十七年的点点滴滴。

最后一首诗，则是对自己的预言：“泉路相逢知不远，千秋好伴永追陪。”但事实上他是一位长寿者，妻子离开后，他还要独自生活二十余年。

1969年，林散之回到在南京林学院工作的次子林昌庚处短住，悲情难抑，再写了一首长诗怀念妻子。

昔日春分内子归，不辞行露出寒闱。
迢迢山谷数十里，牵驴相送日未晞。
菜花初黄蝴蝶飞，麦田朝雊雉交翚。
悠悠长道慵行李，昼永人疲驴亦饥。
西山之口石可憩，半日尘劳暂释鞿。
当风倚坐共遥瞩，长江如线澹清晖。
笑指云丛最深处，是余江上旧柴扉。
山内有山更崔巍，谽然大壑讶见稀。
梨花如雪白皓皓，桃花似火红辉辉。
山深日午人两个，涧静峰阴云四围。
乐奏笙簧又天半，松楸十万长风吹。
相携上下惊无路，时遇老人得所依。
濛濛山雾湿行屐，一迳滑人苔草肥。
跬步迟迟久下来，入村始觉夕阳微。
惟恍惟惚堪迷念，可惜过眼失其机。
荒哉四十七年事，林峦依旧境全非。
人生如梦复如幻，一念犹存未忍违。
写罢小窗忽冬至，寒空雨雪暮霏霏。

林散之的《忆昔吟》长诗，记录了与妻子的一次出行往事，大约是难得的回一次娘家，林散之牵驴相送，两个人很少一起外出，艰难的溪山行旅，反而成了两个人相扶相携、表情达意的浪漫机遇。休息的时候，两个人迎着风倚坐在一起，欣赏着长江如线、清晖映水的美景。离家已远，像两个远行的孩子一样，他们还在云深处寻找着自己的家园，山奇壑绝，溪深泉冽，梨花如雪，桃花似火，山深日午，涧静云阴，两个人头一次产生异样的感受。

在山中，到处都是大自然的音乐，而长风劲吹，十万松鸣，其凛然肃然，都非江上草堂所能体验。

路程艰险，两个人或出于恩爱，或出于险况，不得不携手相行。山雾湿履，苔肥径滑，两个人只得小心翼翼，到达了目的地，已经是傍晚时分。四十七年过去，往事历历，如在眼前。

诗的结尾，显出林散之的诗境，空旷高远。一路都是往昔恩爱，满纸皆是相思，本来是泪眼迷濛之际，诗人突然收笔，把人的泪水，转化为季节的哀思："写罢小窗忽冬至，寒冬雨雪暮霏霏。"

寒气逼人，冻雨打窗，暮雪霏霏，这是天地的哀悼，是季节的思念。

林散之的女婿李秋水（林荇若丈夫），亦精诗文，读过他的悼亡诗后，觉得太过冗长，建议林散之作些修改。

林荇若和李秋水

林散之觉得女婿的建议也似乎有道理，于是不辞辛苦地反复涂抹，直至满意，并写了一个短跋："忆昔吟李生嫌其冗，乃不辞劳累，连日涂改，翻来覆去，覆去翻来，陈后山之闭门、王子安之蒙被，兼而有之，亦云苦矣。诗成之日，作此自嘲。”

只为翻新一首诗，不辞日夜苦追思。

三更未睡五更起，上午才誊下午疑。

几改几涂终不惬，连圈连点始相宜。

古人大笑今人叹，如此吟成技可奇。

一嘲未罢，林散之作诗再次自嘲。写了《又自嘲两首》：

其一

苦学推敲贾浪仙，连朝连暮费钻研。

一篇得意诗成后，满纸荒唐圈套圈。

其二

庭草深深碧有痕，动人幽思透灵魂。

先生觅句可怜甚，失了天机空闭门。

诗，帮助林散之度过了那段痛苦的日子。至少，缓解了他的忧伤，让他得以在诗的世界里忘怀烦恼，能够继续前行，走向阳光照耀的未来。

功名真刍狗，诗书成鸩毒

妻子仙逝之年，林散之已经 68 岁，年近古稀，但诗人的赤子之心仍在。蜗居虽陋，远离了南京的风风雨雨，能够“躲进小楼成一统”，于他而言就是乐事。

他以女儿的名字，为新的居所起了一个颇有诗意的雅号“荇庐”，并写下了《荇庐雨居》一首，记录了他初到扬州时的心境。

新雨浥秋晨，寒绿荣庭木。
旷哉方寸怀，怡怡生小屋。
小屋如渔舟，尚容人五六。
以视江上堂，只少千竿竹。
自我来扬州，中情时郁郁。
得兹慰所思，忘却形骸役。
人生贵自得，随分宜知足。
见小始为明，能安即是福。
功名真刍狗，诗书成鸩毒。
释氏戒贪痴，老子惊宠辱。
祸兮福所倚，福兮祸所伏。
祸福各有原，大半在多欲。
美彼小麻雀，双双檐前逐。
泊然两无营，数粒已饱腹。

“功名真刍狗，诗书成鸩毒”概括地传达了那个时代的真相，可以传世。

林散之的诗，多为即景写事。小屋如舟，在他看来，却并无大碍，只要可读书，可写诗，可练字，就方寸旷哉，其情怡怡。因此，他仿佛回到了故乡的江上草堂——如果门前再有几千竿竹子的话。自得，知足，能安，这些传统文化的“麻药”，让他可以暂时得到心灵的调整。

一代书宗，彼时却羡慕起了麻雀，不做任何追求，只要数粒谷子，吃饱了就是快乐的一天。

麻雀让林散之感到生活的卑微，人被万物所系，反而不如小小的动物，可以无拘无束。麻雀“双双檐前逐”，也让这个孤单的老人想起自己的妻子——斯人已逝，而自己却要面对复杂的生活独存。人不如雀的深层悲伤，在他的内心里阵阵翻涌。

林散之的外孙女李不殊撰文说：“外婆已经去世，外公孤身一人来到扬州我们家。家中房子很小，总共不过二十平方米，一间内房，一间堂屋兼厨房。母亲将内房安排给外公睡，我、弟弟和母亲则挤在外间。这小屋原先是人家堆放杂物兼烧锅用的，墙壁黝黑，经常漏雨。到了梅雨季节，砖地渗水，外公每天将煤渣聚起来，踩碎，再铺在砖地上吸潮。好在朝南的窗户很大，光线很充足。”

李不殊认为，外公林散之先生初到扬州，便写了《荇庐雨居》（母亲名荇若，故称荇庐），“从诗中可以了解到外公的人生观深受佛、道思想的影响。正因为外公有着清心寡欲、能安是福的淡泊襟怀，才能视简朴的生活充满诗意”。

在李不殊的童年记忆里，“外公每次来扬州，行囊总是很简单：

一只藤编的有盖的拎篮里放着几件常穿的衣物。但是有几件东西总是随身携带的，如毛笔呀、砚台呀、《诗韵合璧》呀，还有一本袖珍版的《唐诗三百首》等等。寂寞时外公便翻翻唐诗，低声吟诵。母亲告诉我，以前外公住在老家乌江时，常常在山头上书房里高声诵读诗文，那声音洪亮无比，抑扬顿挫，极有韵味。月白风清之夜，劳累了一天的庄稼人早已入睡，四周寂然，唯有外公的读书声伴着松风江涛传到很远的地方”。

在那个特殊时期，大声读这些属于“四旧”之列的古诗，也是非常不合时宜的。在外人听来，颇觉惊诧，但在亲人的记忆里，却总是那么的温馨和难忘。

李不殊回忆说：“不过也有例外的一次。记得外公有一段时间患坐骨神经痛，我常陪他去苏北人民医院针灸科治疗。那天外公躺在病床上，闭着双眼，忽然很大的一声‘巫山巫峡气萧森……嚓——’拖腔很长，把身旁的医生听得一头雾水。问我：‘你家老太爷哼的哪出戏呀？’”

与外孙女、外孙子相处，乐享天伦，大约是林散之扬州萍寄意外的收获了。虽然心里抱怨着“功名真刍狗，诗书成鸩毒”，但内心对诗文的热爱太深，让他无从躲避，闲暇时光，就教外孙女学诗。

李不殊回忆说：“平时外公也常讲一些做诗的基本常识给我听。一次他见我在看连环画，便说：‘我出个对子给你对：“小人书”。’我对‘红旗渠’，外公说：‘平仄不调，“小”对“红”也不好，有个现成词可对，“大字报”。’”

“小人书”对“大字报”，也是一副绝对。但外孙女年纪尚小，很难明了其中的深意，林散之就深入地解读其中的奥妙。李不殊说：

林散之和学生王冬龄

外公告诉我，以前私塾先生教蒙童做诗，先学调平仄，再学对对子，从两字、三字加至五字、七字，再学做绝句、律诗。比如，先生出了上联“一瓯油”，学生对以“两碟豆”。先生云“一鸥游”，学生又答“两蝶逗”。先生云“一鸥水上游”，学生对以“两蝶花间逗”，先生含笑认可。外公说，对对子也能看出一个人的胸襟、气度、学养、境界。如上

王冬龄书法作品　局部

联“荷叶鱼儿伞”，有人对以“棉花虱子窝”，虽无毛病，但格调太低。又举例说，阮元小时候先生出了个上联“阮元方七岁”，阮元对以“伊尹自千秋”，小小年纪出口不凡，后来果然是国家栋梁之材。

林散之告诉李不殊，“学诗必才气与功力具备才能做诗，才不落窠臼”，“学做诗不但要读选本，还要多读古代大家专集”。

除了讲诗，林散之还选讲古文篇章，教写毛笔字，更多地是讲《水浒传》《三国演义》《西游记》《红楼梦》里的故事给孩子们听。

“1968 年夏，林老应学生王冬龄之请，为其临写了《张迁碑》，每天午睡后，外孙女就在一旁研墨，林老便开始临帖，凝神运笔，每一笔仿佛都倾注了全部的精气神。在那个特殊年代，林老借教孙辈课读排遣心中的郁闷，抒发对艺术的钟爱之情。浓浓的亲情，对于当时身处恶劣政治环境和艰苦生活条件之下的林老来说弥足珍贵。”

瘦西湖内水，端为洗凡尘

扬州自古风流地，诗人、画家、书法家代代皆有才人出。

林散之到来后，马上以他为中心，形成了一个文化圈，他们探讨书法写作、诗词创作，忘却了时代短暂的文化窒息感。林散之培养后进，启迪贤者，本是无奈暂住，因为有了若干诗朋画友，扬州反而变成了他的文化乐园。

“扬州的印人、诗人、书画家视文艺、友情为生命。林散之避居扬州后，蔡易庵、黄汉侯、孙龙父、桑愉、魏之祯等一批艺术家与林散之亦师亦友，常常雅集一隅，吟诗作画，谈书论艺。他们还常到太平巷拜访林老，切磋艺术。林荇若不大的屋子里，常常挤满了人，连板凳都不够坐。林老耳朵听不到，他们就用纸卷成筒状，对着林老的耳朵说话，后来改用笔交谈。”

“1967 年夏，爱好书法的小青年卞雪松早晨挑水经过扬州市第三民办中学操场时，见到打拳的人群中有一位鹤发童颜的老人，便觉得他一定是位高人。第二天，他早早挑完水来到操场，挤到老人身边，有意攀谈。从此，彼此既成师徒，又成了忘年交。早上陪林老去瘦西湖打拳散步，然后临案学书，下午携字求教，晚上练拳。”

与林荇若熟悉的张郁明说：林荇若待人接物既诚恳又热情，有时插上一两句嘴非常幽默，逗得大家开怀大笑，有时主动拿出她父亲林散之的佳作给大家欣赏。如果高兴起来，会拿出她心爱的小食品给你品尝，什么五香花生米啦，什么芝麻糖啦，她在旁边看着你吃。

林散之待人，常怀赤子之心，也因此赢得了许多朋友的爱戴。

李不殊回忆说，外公在扬州还有几位书画界的至交好友，如蔡易庵、孙龙父、桑愉、魏之祯诸先生。《江上诗存》第325页有《易庵治印图》道出了彼此相识的经过："今年（1966年）四月初旬，余伴南京画院房、丁（士青）、俞（继高）、费（新我）四老访问扬州，于桑愉家中，得识易庵、龙父，谈艺甚欢。"可知林散之与桑先生相知最早。桑先生是教师，但精于篆刻。《江上诗存》第366页有《小诗四首，赠广陵桑愉子，并示刻印诸同人，兼呈孙龙父一粲》，诗中有戏谑桑先生"不务正业"诗：

笑子不能务正业，业余又向纸堆钻。
可怜毛笔兼刀笔，偷取风神石上刓。

林散之对蔡易庵的治印功夫非常钦佩："今观易庵先生八十余印，和平敦厚，刚健婀娜，虽出入秦汉，而能自具机杼，不图以形式炫人，实能悟入书家用笔之妙。"然后，为之写了一首诗：

能从笔法追刀法，更向秦人入汉人。
自有精灵成面目，百花丛里笑推陈。

对孙龙父的篆刻，也是激赏不已，在《赠邗上孙龙父》诗中写道：

有友孙龙父，维扬一篆人。

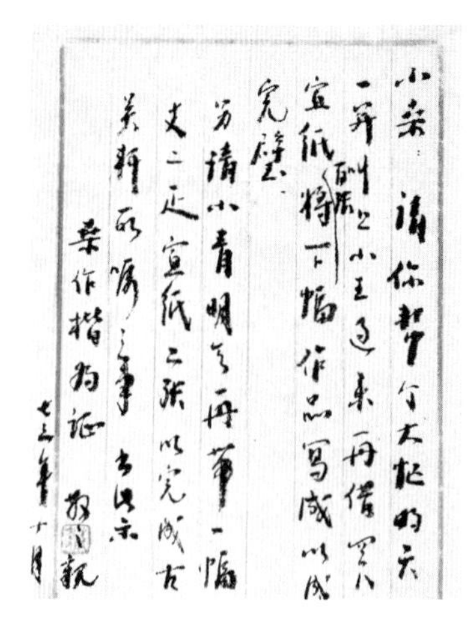

小桑：请你帮个大忙，明天[illegible]……宣纸将下幅作品写成，以成完璧。另请小青明天再带一幅丈二匹宣纸二张，以完成[illegible]……之事。[illegible] 桑作楷为证 [illegible] 散耳 七三年十月

林散之信札　1973 年

殳书播史籀，垂露更悬针。
气得江上助，才随日月新。
瘦西湖内水，端为洗凡尘。

与桑愉的交往，是林散之扬州萍寄时期的快乐之一。桑愉学养深厚，精于篆刻。林散之与之相知甚深，常被好客的桑愉邀请到天宁门街的家中，与诸友吟诗、作画、写字、谈印。

曹如诚先生在文章中写道：也许是爱屋及乌的缘故，林散之对桑愉的几个孩子也非常喜欢，常教他们写字绘画。1973 年初夏的一天，他发现桑愉的三子桑光洵绘画基础好，便把桑光洵约到太平巷教他画画，一边用“好墨”画，一边讲黄宾虹的绘画技巧，从早晨 7 点一直画到中午 12 点，整整 5 个小时，完成一幅三尺长的山水画。他在画的右上方题《太湖纪游》诗二首：“湖上青山湖外舟，媚人风物足勾留。平生搜取空皮相，徒向残膏褪处求。”“七十二峰明更灭，三千余劫古仍今。苎萝隔岸村何处，空费扁舟一度寻。”又在左上方题道：“光洵学画甚勤，因写此以示用笔之法，非敢言画也。桑愉以为如何？时一九七三年初夏日左耳。”

“这一年 10 月，林散之刚从南京来扬，去桑愉家做客时正巧遇见了桑愉的五子桑光沄在家练习书法，林老见光沄的字写得不错，便主动给光沄写字示范：天高云淡，望断南飞雁。不到长城非好汉，屈指行程二万。六盘山上高峰，红旗漫卷西风。今日长缨在手，何时缚住苍龙？”

林散之在扬州的另一个诗人朋友，是李不殊的语文老师魏之祯。李不殊在文章中记述了外祖父与魏老师相识的细节：

外公与魏之祯老师的相识颇具几分喜剧色彩。外公在扬州虽说朋友、学生不少，但没有一个真正意义上的可以谈诗论诗的诗友。大约是1970年的一天，那时我已插队邗江，从乡下刚回到家，外公很高兴地告诉我："我认识了扬州一位懂诗的魏老师。"我想，谁能让外公这么看重，这么开心啊？第二天，魏老师应邀来我家做客，我一看，原来是教我三年初中语文的魏之祯老师。外公得知我是魏老师的门生，格外高兴，还批评魏老师："你这个当先生的该打板子，又不教学生做诗，又不教学生写毛笔字。"外公耳聋，魏老师没法解释，就苦笑着对我说："那时教学大纲没这内容呀。"认识魏老师，扬州对于外公又多了一份吸引力。一九七六年秋，魏之祯、吴树曾、孙龙父和桑愉老师本来一起约好去黄山的，后来孙、桑二老师因故未去成。魏老师游山归来后将所咏黄山诗十数首带给外公看。外公对黄山有着极深厚的感情，曾数次游黄山，歌咏黄山的诗有数十首。于是欣然提笔写道：

羡君昨夜到黄山，卅六奇峰处处看。
惜我年来筋力减，未能随子共登攀。
犹记层层云外路，莲花半向雨中开。
知君今日登临处，是我当年一度来。

魏老师告诉外公，本来孙、桑二老师也准备同游的，后因故未去成。外公惋惜不已，作诗道：“山水因缘各有分，伸手得之缩手落。我恨孙郎与桑子，不能好山伸手索。”

李不殊善解人意地解释说：其实孙、桑二位老师未必是因为“胆小”未去，但是从外公林散之又“恨”又“愤愤”的心情中，可以看出外公是多么希望搞艺术创作的人能亲身到大自然中领略风光，获取灵感。

在扬州，林散之身体状况不大好，抽空又练起了太极拳，也因之结识了一位“拳友”。林荇若家的隔壁邻居何瑞生，既懂书画，又是位太极高手。在女儿的劝说下，林散之跟随何瑞生学打太极拳，时间长了，两人结下了友谊。何瑞生的朋友吴先生也成了林散之的朋友。

几位老者经常互相串门聊天，练拳之后，三人还经常轮流“做东”吃茶，每次请客限在四角钱以内。三个人的趣味基本相同，一壶绿茶，一碟干丝，再来几块擦酥烧饼，就是一顿美餐。

有了朋友，林散之也误把他乡当故乡，留连扬州，不愿返回南京。

“一天，林散之忽然想回南京，便告诉何老、吴老，何老说：‘明天我做东，去冶春茶社为您饯行。’第二天早上，林老如约而至，但后来又推迟了回南京的行程，原因是他舍不得离开扬州这一帮朋友。过了些时间，他又提出想回南京看看，这次，吴老发话说：‘这次我请客为您饯行。’送行酒吃了，但又未能成行。又过了些日子，林老收拾行囊，准备回南京了。林荇若对老人说：‘阿爷，这次您走就不要惊动何老、吴老了。’林老听了哈哈大笑，习惯性地用手挠了挠光光的脑袋，吟出一首诗来：‘辞行不是为揩油，几度南归几度留，吃了干丝和馄饨，阿聋犹自在扬州。’尽现童真童趣的心态。”

1979年桑愉先生英年早逝，林散之的家人怕他伤心，未敢及时告知。大半年后，林散之方在南京得知噩耗，非常哀伤，撰写长联一副：

君病未知，君死未闻，友朋嗟落落，衰泪顿抛瓜步雨；
我生无用，我老无成，岁月感匆匆，伤心空溯广陵潮。

后来，林散之先生将此联用丈二宣纸写成，命李不殊交到了桑愉先生家人手中。

“这年夏天，桑愉的女儿去南京请他写墓碑，提起桑愉的病逝，老人家悲痛万分，心绪难平。提笔时，凝重得几乎难以落笔。他强忍着伤感写下‘印人桑愉墓之’——竟将‘之墓’写成‘墓之’了，他觉得写错了，又写一幅：‘印人桑愉之墓’，但落款署名时，又将‘友人林散之书’错写成‘友人林之散书’了，可见林老对桑愉的深厚感情与极度伤感。”

为怀念桑愉，林散之含悲带泪写下了《那堪》：

去年此日扬州路，宾馆堂前话旧时。
流水落花人去也，那堪衔泪写君碑。

桑愉逝世一周年之际，林散之又作了《忆桑愉二首》：

其一

阴阴今苦雨，寂寂暮归禽。

已失淮南客，难忘江上心。

人思芳草路，曲散广陵音。

落寞逢时节，空寻旧剑镡。

其二

廿四桥边宅，犹闻潮汛回。

东风杨柳岸，细雨茉莉开。

人去花留影，春归时自哀。

天宁门久记，江上客空来。

第八章 草堂惊梦：劫后身半残，春信误归鸿

林散之身心再度受创。

家藏被毁，安身无地，被迫回到老家乌江，暂居江上草堂。在这里，林散之深深地怀念妻子，『骨灰藏未冷，伴我草堂睡』。然而，这样的夜晚同样充满惊恐，『寒灯坐永夜，流离惊相对』。

妻子仙归，他成了一只孤雁，再也组不成一个温暖的队形。

然而，孤寂并不是最大的敌人，意外的灾难才是：林散之全身被严重烫伤，经六天五夜才得到救治，命悬一线。

空携灵匣回　魂魄安所寄？

林散之萍寄扬州期间，江苏省国画院的“造反派”停发了他的工资，每个月只给二十几元的生活费。

林散之原来的住宅，每月的房租是九块钱，他不住南京，再每月交九块钱房租，生活费就更捉襟见肘了。因此，他的次子林昌庚跟画院商量，把房子退掉，要了一间集体宿舍存放父亲的东西。

1967年春节后，林散之再回南京次子昌庚处住，昌庚家窄小逼仄，两间卧室，住着昌庚夫妇、四个女儿和岳母。父亲搬来同住，为了他的创作方便，昌庚让出卧室给父亲作卧室兼画室，自己向单位南京林学院借了一间集体宿舍，聊解一时之危。

亚明《苗寨秋色图》

是年8月，南京发生严重派系武装冲突，林散之存放物品的房间被砸开。“将一百多锭上等陈墨和几刀优质宣纸全拿去写大字报。还有父亲的以及黄宾虹的多幅字画已全不见踪影。书籍、碑帖

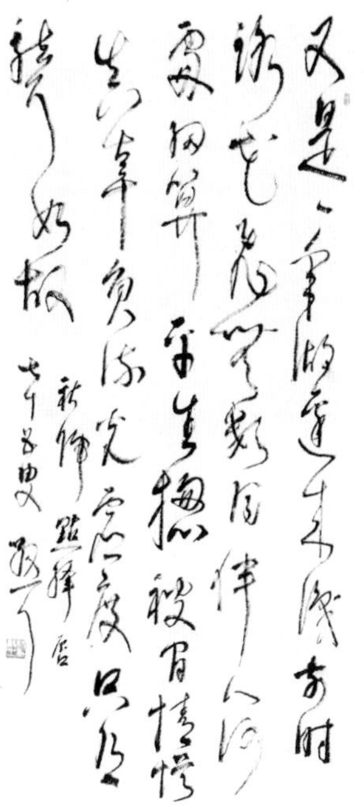

等散落满地。江上草堂的书籍字画、碑帖早已全损失了，父亲毕生心血得来的这些最心爱之物几乎丧失殆尽，父亲伤心至极。”

1969 年冬，“一号命令”发布，北京、南京这样的重点城市，大规模疏散人员。由于掌握的信息有限，林散之的儿子林昌庚以为战争就要爆发，而扬州也不安全，因此建议父亲回乌江的江上草堂暂住。

送林散之回乌江的另一个原因，是盛德粹的骨灰，也要送去乌江，深恐失于不测。1969 年底，林散之带着几床被子、一箱衣物，《江上诗存》手稿和纸、墨、笔以及几方珍贵的砚台，回到了“江上草堂”。

林散之作品　20 世纪 70 年代

“江山草堂”，已经不是昔日的样子。

果木林被砍了，文房四宝被抄了，房子后面的两亩竹林，成了他归隐“江上草堂”的安慰。这片竹林，是他的女儿用两亩自留地换下来的。换言之，在当时的境况下，女儿用宝贵的粮食，为父亲换来了一处足可栖息精神的家园。

他的孙女林丽丹说，爷爷有“风雨萧萧江上村，绿竹掩映画堂门”的诗句，就是描写老家旧宅的景色。

而这一片竹林，似乎是世界能给予林散之最后的安宁之所。1969 年 12 月 30 日，在“江上草堂”，林散之满怀凄怆地写下了长诗《归江上》：

侵晨发扬子，仓卒竟何事？
云是备战争，老弱齐迁避。
载奔江上堂，衡门欣未异。
松竹迎客至，招展叶隐蔽。
补葺漏茅屋，洒扫新房地。
整理行箧书，铺陈旧棉被。
一一粗收拾，聊作老身计。
漫言荒陋居，得此实安慰。
往事成追忆，岁月感颠沛。
平生忧患心，垂垂几下泪。
昔年春归来，两两翔双翅。
今冬乃独归，孤雁不成字。
空携灵匣回，魂魄安所寄？
骨灰藏未冷，伴我草堂睡。
寒灯坐永夜，流离惊相对。
嗟嗟余之生，恍惚如梦寐。

在诗里，林散之痛彻心扉地怀念妻子，每次回到“江上草堂”，都有妻子相伴，两两携手，而现在，妻子仙归，他成了一只孤雁，再也组不成一个温暖的队形。

夜深人静，他不禁发问：他带回了一只灵匣，可妻子的魂魄，是否也伴随他回到了故乡？一灯如豆，他永夜独坐，过往的幸福，恍惚如梦。

同样的孤寂心态，在另一首名为《孤雁》的诗里，也有同样的表达：

万里去何处？今秋又独归。
心随霜露冷，身在羽毛非。
岁月思前侣，江湖失旧矶。
云羅天外有，好逐蓼花飞。

在“江山草堂”，林散之度过了这一年的春节。没有了妻子在身边，没有儿女的陪伴，本是亲人团聚的节日，令他备感煎熬。寒冷的山居里，他和泪写下了《山夜》：

地随江北冷，人自江南瘦。
风雪今归来，山中茅屋漏。
既雨晚复晴，新月弯仍旧。
破壁吹罡籁，短檐挂冰溜。
予夺造化情，残竹几竿秀。
摧颓苍松根，不死无所宥。
中夜成起坐，昏灯缩如豆。
荒鸡叫一声，转侧五更后。
开门望银汉，耿耿明双宿。

然而，孤寂并不是最大的敌人，意外的灾难才是。

春节即至，林散之一个人去镇上的浴室洗澡，涤除污垢，以迎新年。小镇的浴室年久失修，烧水锅上的木盖早已朽烂，却没人管。人们拥挤在狭小的浴室里，水汽蒸腾，人声嘈杂，失魂的林散之已经73岁高龄，对浴室情况不熟悉，又没有人陪伴，不慎跌入热水锅里。

林散之一声惨叫，被身边眼疾手快的同浴者用力从热水中拉出，颈部以下全被严重烫伤，右上臂至手腕的内外皮层全被拉脱，鲜红的肉裸露在外面。

由于离医院较远，人们用担架把林散之从浴室抬回家，用土办法为他治疗：用幼鼠剥去皮放在麻油中浸泡，然后用油擦拭烫伤患处。

山水画作品　1964 年

家人见伤势严重，决定火速送往南京治疗。但乌江离南京较远，加之交通不便，直至五天后，即初五傍晚，才送他到南京鼓楼医院。

由于种种因素，医院拒不接受林散之入院。而因为病情延搁太久，林散之已经开始发高烧，全身滚烫。

林散之的次子林昌庚到处找人帮忙，深夜，敲开了音铭的家门。音铭听后，急忙和昌庚一起，亲自到医院为林散之说情，并以画院革委会主任的身份为林散之保证，医院才同意收治林散之。

林散之住进病房，已经是初六凌晨，距他被烫伤，已经过去了六天五夜，伤口已经严重感染。值班医生对林散之的家人说：年纪这么老，伤势这么重，烫伤面积达 90%多，且已严重感染，能否救活，把握不大，你们要有思想准备。

73 岁高龄，90%烧伤，六天五夜与病魔的抗争，三个月的抢救治疗，林散之经历了无数个不眠之夜，终于痊愈了。

由于执笔的右手受伤最重，林散之不知道自己的生命能否挽救，抢救他的时候，却担心地问医生："我的手今后还能写字吗？"

《林散之》一书中写道："为了重新执笔，父亲忍受巨大痛苦，请医生将烫伤后已粘结在一起的大拇指、食指和中指切开包扎。痊愈后，这三个手指能自如活动，可以执笔写字，而小指和无名指则粘连在一起，且弯向手心，伸不直，也不能活动。但只要有三个指头能执笔写字，父亲已感欣慰万分，别的就不多计较了。多谢医生为父亲抢救了这三个指头，从而抢救了他的艺术生命，使他能重新执笔，纵横挥洒，为祖国的艺术事业作出了新的重要贡献。"

林散之善于用诗来记述自己的人生，病愈后，写了一首诗《病归》：

劫后归来身半残，秋风黄叶共阑珊。

可怜王母多情甚，接人瑶池又送还。

九死一生，但所幸仍能执笔，仍能写诗，还能作画，在他看来，已经是上天的格外眷顾。

康复期间，林散之还有闲情作画，在一幅《江村养疴图》上，写下了与这次灾难有关的题跋："山重水复疑无路，柳暗花明又一村。余因病苦卧九十余日，近方出院，已初夏矣，时庚戌三月廿八日，写此以志不死之身犹在人间也。聋叟年七十有三。"

在写给二女儿林荇若的信中，他对儿女们在病中的照顾颇为感激，"我此次不意遭大难，九死一生回到人间，实诸儿女之力。不然，已早入黄泉矣，言之泪下。所幸右手虽已半残，尚能作字画。自病归来，绿窗人静，心境甚安，因寻纸作小画二幅，一以赠汝与秋水，一以送汝大姐用作纪念，幸存留之可也！"

第九章

日照扶桑：樱花烂漫开 一水送春来

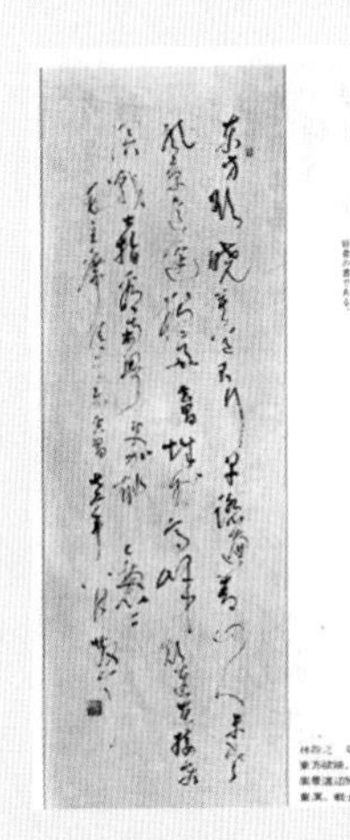

《人民中国》日文版刊载林散之等人书法作品的行为，并不是孤立事件，而是中日建交这个大背景下的相关文化活动之一。

一九七二年，田中角荣首相访华，毛泽东主席将传为怀素所书的《自叙帖》影印本赠予日本外相大平正芳，各界迅速解读了这个信号。著名的《文汇报》刊载了郭绍虞的文章《学一点书法》，一些报刊开始刊登书法作品。

虽然中日书法交流是文化活动，但受时代所限，《人民中国》所刊之书法作品，仍然表现出政治挂帅的鲜明特征。

留得半残手　挥笔写人间

二战结束后，中国把发展经济当成首要任务。1952 年，即与旧敌日本签订了贸易协定。1962 年，中日签订了为期 5 年的《中日长期综合贸易备忘录》。

文化方面的交流，也开始得较早。1955 年 5 月，日本著名歌舞伎大师市川猿之助先生来中国访问演出，次年，梅兰芳京剧团赴日本回访，在当地引起轰动，2000 人的剧场全部坐满。中日文化交流协会也在这一年成立，促进了中日在文学、美术、音乐等方面的交流。

此后，中日民间外交不断出新，从"围棋外交""乒乓外交"再到"兰花外交"，政府间的建交意愿，通过民间的友好往来，以各种感人的方式得以展现。

书道交流，也成了中日文化交流的一部分。

1956 年，由张伯驹、章士钊、陈云诰、郑诵先等人发起成立了北京中国书法研究社。

次年，该组织在日本书道文化联合会、每日新闻社、日本书道联盟、日本中国文化交流协会的鼎力支持下，于东京高岛屋举办了中国书法展，共展出沈尹默、齐白石、董必武、张伯驹等人的书作共 55 件，日本著名书家丰道春海、中村春堂、金子鸥亭、香川峰云以及中岛健藏等人士出席了开幕式。

1972 年 9 月，日本首相田中角荣访问中国，毛泽东主席将影印宋刻本《楚辞集注》赠予田中角荣，表达了中日交流文化同源、以史为鉴的深刻内涵。周恩来总理则亲手题写《论语》中的“言必信，行必果”六字赠予田中首相，田中首相回赠日本飞鸟时代盛德太子的名言“信为万事之本”。

現代書道の作品から

林散之　草書

東方欲曉、莫道君行早。踏遍青山人未老、風景這边独好。会昌城外高峰、顛連直接東溟。戦士指看南粤、更加郁々葱々。

《人民中国》日文版刊发的林散之作品

为祝贺中日两国恢复邦交，郭沫若作了一首《沁园春》，词中写道：赤县扶桑，一衣带水，一苇可航。昔鉴真盲目，浮桴东海，晁衡负笈，埋骨盛唐。情比肺肝，形同唇齿，文化交流有耿光。堪回想，两千年友谊，不等寻常。

随同田中角荣首相访华的，还有大平正芳外相。

喜欢中国书法的大平正芳得到毛泽东主席赠送的礼物，是传为怀素《自叙帖》的影印本。

很快，各界就迅速解读了这个信号。11 月 14 日，当时非常著名的《文汇报》刊载了郭绍虞先生的文章《学一点书法》，文章左边还附有胡问遂行草书鲁迅的诗《七律·自嘲》。

其他大报也开始刊登书法作品，《人民中国》日文版顺应这个潮流，编发了“中国现代书法作品选”特辑。

很显然，《人民中国》此举，并非像坊间所传，是因为日本书法家看不起中国书法家，所以要选择能够代表中国的书法家来做一个回应。所选的 21 位书法作者，知名的书坛名宿，只有沈尹默、赵朴初，顿立夫为篆刻家，于立群是郭沫若的夫人。书坛“新人”，则有年龄较高

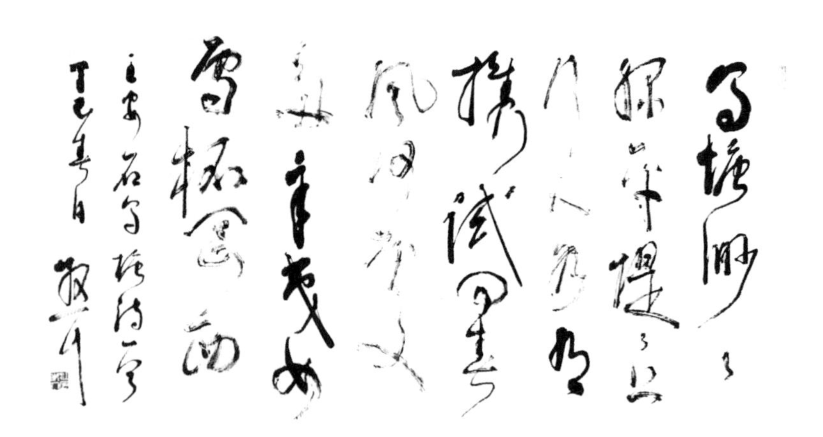

草书作品

的林散之、费新我以及年已花甲、略有微名的启功。

其余入选的书法作者，则是各行各业的劳动者。很显然，其主旨与当时流行的“工农兵创作”相吻合。上海的“工农兵书法”先行一步，其后是艺术界的“户县农民画”，文学界的天津“小靳庄农民诗歌”。

这些不知名“工农兵书者”，有34岁的周慧珺，杂志上注明为“技术者”；42岁的康雍，杂志上注明为“劳动者”，同样注明“劳动者”的，还有26岁的朱正珏和18岁的刘铁宝。

奚乃安、刘晓晴、张晓明则注明“医者”。有趣的是，34岁的林中兴，被注明为“食品加工厂勤务”。

20岁的“人民公社社员”张彼德作品入选，颇能看出当时的政治风向。而14岁的陈志林和卫明入选，或许试图表明中国书法后继有人。

陈振濂先生的一段文字，描述了入选作者的真相：

> 1973年1月号《人民中国》日文版编辑《现代书法作品选》专辑，刚刚去世的沈尹默，赵朴初、于立群、启

功、顿立夫等经过“文革”摧残后仍硕果仅存的老辈书家赫然在目，而林散之、费新我等年长又是书法界的新人也隆重登场。还有一些中青年书法爱好者也在其列。为了表示“政治上正确”，还特意点明这些作者的身份是工人、学生、农民，体现出彼一时代政治挂帅的鲜明特征。

客观地说，这21位作者很难代表当时的中国书法界，不知出于何种原因，上海市加上仙逝的沈尹默，共有7位入选，分别是周慧珺、林仲兴、胡考、张晓明、刘小晴、张彼德、陈志林，占了全部入选人员的三分之一略强。

从地域的角度，也不具备公平性和说服力。

笔如花似锦　兰芷存芳心

诗人韩瀚其时正在《人民中国》做编辑，关于与林散之的相识，有一段他亲自撰写的文字，可作证明：

我找到亚明兄，把我的想法告诉他，并请他推荐几位江苏的书法家。

他找了几幅字给我看，我觉得比较一般。后来，他从一个老式书桌的抽屉肚里拿出一个未经装裱的手卷。在未打开手卷之前，他告诉我："这是一个怪老头写的，有人喜欢，有人不喜欢，你看看再说。"

随着手卷一展开，我面前顿时一片亮光。我大叫到："好！好！"我说："我在北京一个朋友家里看到过一个王觉斯（王铎）的手卷，当时的感觉与现在差不多。"

亚明兄这时也神采飞扬起来，竖起拇指，说："怎么样！中国还是有人的吧！"他指着题款对我说："此老姓林名散之，早年跟黄宾虹学画，现已年过古稀，一生不求闻达，只管闭门写字作画，别人喜欢不喜欢，他从不在乎。"我表示想见见此老。亚明兄说："他现在住在老家——安徽和县乌江镇，就是霸王自刎的那个地方。你看上他的字，我叫人告诉他写两幅给你寄到北京去就是。"

我这个人有个毛病，看到一件喜欢的艺术品，总要兴奋一些日子，有时甚至夜不成寐。这位散老的字也让我兴奋了。我在外面转了两个多月，看到不少写得不错的字，但都不能像散老的字那样叫我无法平静。我回到北京的时候，亚明兄已将散老的墨迹寄到。我把字幅沾在床头上玩味到夜半。第二天，我决定把它送给我心目中的识家看看。

韩瀚所说的识家之一，就是启功。

1971 年，启功参与中华书局组织的标点《二十四史》和《清史稿》工作，负责标点《清史稿》。虽然无课可教，但启功也通过书写大字报坚持练习书法，有喜欢他作品的，他也通常有求必应。书坛早已不存，当时的启功，不过在小圈子里略有微名。他的学生陈启智说，1969 年到 1972 年大学毕业，每周末都到启功家学习书法。启功自己在文章中说，他的妻子章宝琛身体不好，“1972 年重病几殆。1974 年冬夏病，缠绵百日，终于不起。”

对于启功来说，当时也是人生的艰难时刻。

据韩瀚在文章中说：

我到了启功先生家。他当时住在西直门里小乘巷的阴湿的平房里，身体和心情都欠佳。听到我说《人民中国》要出一期“书法特辑”，他脸上略带喜色。

我问：“您知道林散之这个人吗？”

“林散之？”他想了想，摇头说：“不知道。”

我把带去的字用唾液沾到墙壁上请他看。

他先是坐在椅子上看，继而站起，继而走到字幅跟前，有顷，脱下帽子，深深地鞠躬，一个，两个，三个。

韩瀚请教的另一个识家，是赵朴初：

我又到了赵朴初先生家。谈起书法，赵居士从中国的二王，谈到日本的空海，如数家珍，还把他收藏的空海《风信帖》拿给我看。

我说："我今天来，是要请您看一幅字！"他说："古人的？"

我说："此公现在七十多岁，林散之，是您的大同乡，安徽和县人。"

他表示不知道此人。我把带去的条幅给他看，他站在那里，久久的沉吟，脸上露出欣慰的神情。等我把字卷起来，坐到沙发上，他带着浅浅的笑说："请代我向林老致意。倘能赐予墨宝，朴初不胜感谢。"

顿立夫先生是著名的治印家，韩瀚也上门请教：

从我手里第一次看到散老墨迹的还有顿立夫先生。顿先生言谈直率，不失劳动者本色，他说："我看，这能代表中国。"

坊间有文字说，林散之的作品在《人民中国》日文版一经刊出，即在日本声名鹊起，同样并非事实。

1972年，中日始建交。《人民中国》日文版当时在日本的发行量有限，影响更是微乎其微。韩瀚先生说："我敢武断的说，1973年以前，日本人不知道中国有个书法家林散之。"

韩瀚在文章中写道：

1973年初冬，我曾陪"文革"后第一次访华的日本书道代表团到各地访问。这个代表团由前众议院议长为团长，团员中有香川峰云、饭岛春敬、青山杉雨、金子鸥亭、村上三岛和梅舒适等日本第一流的书法家。从交谈中发现，他们有的根本不知道林散之其人，有的是在《人民中国》的特辑上第一次看到他的名字。我曾把散老的字拿给自诩为日本的王觉斯的村上三岛先生看，他当然表示欣赏，但却说“过去没看到过”。

中堂画　1965年

但林散之在国内的影响确实因此而增加不少，韩瀚说，“过了些时候，散老被接回南京，省里在百子亭给了他一座小洋房。从此，拜访者，求书者，终日盈门，他有些应接不暇了。”

林散之有四首诗描写自己的洋房：

其一

为换衡庐卜岁华，小堂堂外种桃花。
人来若问老夫处，松下斜坡第一家。

其二

抱残守缺怅平生，且喜新居晚筑成。
门对春山山外水，时时送绿到前楹。

老当益壮的林散之

其三

鹪鹩幸觅一枝栖，晚景桑榆得所依。

莫谓墙东斜又曲，以斜为正不齐齐。

其四

恩光煦煦照深房，已换从前旧草堂。

此日犹能在人境，人间天上岂寻常。

《人民中国》日文版刊出林散之的草书后，在国内的反响远大于日本。求书者众多，让林散之难以应付，也写了一首《赖账》诗表示无奈：

不学板桥要白银，学他赖账或能行。

请君且莫勤追索，待到千秋一律清。

林散之并不是《人民中国》日文版捧得最红的书法家，只是让他在南京一地的受关注度增加了，但还没有真正热起来。

借此东风而家喻户晓的，是上海的"技术者"书法家周慧珺。《人民中国》日文版推出中国书法专辑的第二年，35岁的周慧珺写了《行书字帖——鲁迅诗歌选》，据说发行量高达一百六十万册，不但销量惊人，此帖也是"文化大革命"中第一本当代人书写的行书字帖。

第十章 晚岁情怀：丹心犹似血 点滴献人民

日本书道代表团访华，林散之始终是一个必须到访的书法重镇。

林散之的儿子林昌庚撰文记述，日本书法家非常好奇林散之的创作过程，每有林散之挥毫，必踊跃围观。林散之写完后，日本书法家往往试着用林散之的笔来创作，但基本上全都失败：一用力，笔就瘫软，无法书写。

林散之独到的用墨，也让日本书法家啧啧称奇：林散之用清水破墨的方法书写完后，墨色变化万千，日本友人经常情不自禁地惊叫起来。

乱峰飞黄叶　断岸起白鸥

让林散之声名陡起的，是一次意外的“盗窃事件”。

1973年10月1日，江苏省美术馆举办“江苏省国画书法印章展”，林散之也用草书写了两幅毛泽东主席的诗词《咏梅》，参加此次展览。

没想到，展出在即，主办方却发现林散之的一张参展书法作品丢失。只好匆忙来告知林散之原因，并请他再补写一张。

林散之本是萧散之人，慨然应允的同时，也不无遗憾，因为那幅作品的用纸，较为名贵。

林散之写了一幅“寻物启事”，请主办方一并张贴，希望能够寻回所失作品：

> 鄙人参加省美展，书咏梅卜算子两件，不意失去，想系梁上君子所为，余不深究。唯纸乃旧藏名笺，字虽不佳，纸却名贵，深望急将拙书归还，若能送来，一张赔两张，两张赔四张，绝不失言。幸鉴焉，恐口无凭，作诗为证。

随启事一并补写的，是用以佐证的七首诗《失梅》：

其一

奇事孤山可奈何？梅妻鹤子骗人多。

无端错认林和靖，又窃梅花当老婆。

其二

高格咏梅卜算词，为传消息报芳时。

不知谁透东风信？夺取人间第一枝。

其三

低首平生只有梅，爱他独占百花魁。

不辞冰雪连天冻，犹领诸芳次第开。

其四

独写梅花答上苍，梅花香色不寻常。

我书岂似兰亭价，既赚金钱又赚粮。

其五

昔盗青毡似为贫，奈何又损岭梅春？

原来梁上今楼上，一样宵行君子人。

其六

赶作新词补上林，春光无限感恩深。

可怜夜半犹磨墨，为报寒梅一片心。

其七

寂寞灵笺忆旧痕，几回惆怅此芳魂。

愿君高义留千古，早把梅花送上门。

林散之不计较作品失窃之事，还善意地把窃者称为“宵行君子”，给窃者戴高帽子，希图对方豁然警醒，把作品送回来，也能让窃者“高义留千古”。

这边厢诗人苦口婆心，奈何那边厢卿卿偏欲做贼，这个“窃梅花当老婆”的无良窃者还没找到，又有窃者接踵作案，这张“寻物启事”也不翼而飞。

本想以两匹劣马，换回一匹良驹，没想到，劣马良驹全都走失，让林散之怏怏不乐了好久。

此事不胫而走，林散之在江苏一时间名声遐迩，索画求字者盈门。但林散之定力十足，并不随时风起舞。

在一首诗中，他如是自道：

风风雨雨夜窗声，数十年中学未成。
一片丹心犹似血，愿将点滴献人民。

是秋，南京市外事办请林散之为日本首相田中角荣书写作品，林散之写了《书赠日本友人二首》相赠。

他的学生胡寄樵恰至南京，林散之对他说，“你来得正好，外事办要我为日本首相田中角荣写幅字，昨天我把诗写好了，今天下午正准备写字，你帮我牵纸。”

林散之一连写了三张，然后问胡寄樵哪张写得好，胡寄樵说“三幅字都好，张张精彩”。

胡寄樵曾在文章中说，“先生在写字前尽量放松自己，而后是聚精会神，一气呵成。字与字之间呼应，行与行之间顾盼，轻松自如，尤如群鸿戏海。”

1975 年 3 月，日本书道代表团来华访问，访问团长为村上三岛。

日本人追慕林散之，大都因为王铎，而确立王铎在日本书界地位的，就是村上三岛。

村上三岛临《书谱》

村上三岛是日本著名的草书书法家，师从片山万年和辻本史邑。此前，日本对唐代以前的书法无比崇敬，而村上三岛从17世纪王铎的书法中获寻了独特的见解，并且确立了奔放的、用假名装饰的、独自的书法风格，因此，被誉为“开辟了日本书法的新境界”。

以王铎为宗的关西书风，在日本影响渐大，并有了“后王（王铎）胜前王（王羲之）”之说，以王铎为中心，倪元璐、黄宗周、张瑞图等人，也备受追捧，这股潮流被称之为“明清调”，持久影响东瀛书坛。

村上三岛最早接触王铎是在二战之前。

长久接受晋人书法风格的村上，初见王铎，眼前一亮，问学者、书法家长尾雨山先生，“这是一手好字吗？”

长尾雨山汉学功底深厚，曾任上海商务印书馆编译室主任，吴昌硕与之关系甚笃，称“雨山先生慕宋苏轼为人，所为诗亦如之。深居无闷，以昌其诗。莅沪日，数数过从，谈剧为乐”。

1914年长尾雨山返回日本，归国之际，吴昌硕亲作《墨梅图》并题诗赠之，诗中说他与长尾雨山“沪渎结邻坐三载，数典谈诗时却步”，还盛赞对方“羡君风格齐晋唐，书法遒劲张钟王。意造不学东坡狂”。

吴昌硕对王铎也是非常钦仰，是否因此影响到长尾雨山，也未可知。

面对村上的请教，长尾先生回答他："嗯，相当出色！"

村上接着问："那我可以学习此书法吗？"

然而雨山先生却说："不可，学习像这样过时了的书法只会让字的格调下降，还是不学的好。"

村上在文章中写道："第二年我思考了一番，又一次询问雨山先生自己是否可以学习王铎的书法时，得到的仍然是同一个答案。其他以写作汉字见长的先生们也都是同样的意见。"

1943 年，村上以一幅王铎风格的作品参加"书道报国团近畿支部展"，获得了汉字书法方面的最高奖项，得到了辻本史邑先生的鼓励。还对他说："你在学习王铎的书法吧？我也是前不久才对王铎产生了兴趣，现在时不时还会学习他的风格。"

村上三岛认为，"战后的书法界和其他领域一样，所谓的传统、习惯等东西统统都崩塌了。而后产生了一种风气，即认为否定过去、尝试新事物才是一种进步。书法，则与美术以及其它艺术领域不同，很难打破过去的传统。大概是因为书法本身从未受到过西方的影响，乃中国和日本本土所诞生的门类，其发展就好比是独自一人在逡巡探索，自然比较局限。"

他说，为了打破书法的这种局限，一种尝试从美术和其它艺术领域吸收精华的运动开始盛行。如此一来，书法从原本仅是一种文人趣向这一禁锢中得以解放。但是反过来说，对于注重格调的书法而言，原先那些无法摒弃的独一无二的东西，仅仅因为被冠以"陈旧"一词而不得不舍弃掉，实在是让人痛心疾首。

村上三岛说，"不管怎么说，正因如此，战前饱受诟病的王铎的书法才能光芒万丈地展现在人们的面前。而书法的韵律、黑白的协调等内容也得以重新被人们重视，这大概是一件好事吧。那可是获得关西盟主辻本先生关注和青睐的书法，所以在王铎风格的书法在日本展出以后，学习以王铎为代表的明末书法家们（如张瑞图、黄道周、倪元璐、傅山等）的书法的人突然变多了。”

此后，村上终身以学习王铎为业，并总结了自己的学书经验，“生活于现代的我们由于能够轻易入手书法大家们的真迹或照片版，反而容易被那些作品的线条和韵律所限，从而使自身不能有更好的提升。而王铎正是因为学习临摹的拓本而不是真迹，才会孕育出那种奇妙的风格。”

以此可见，村上对王铎的研究，非常深厚。正因为钟爱王铎，对同样以王铎风格书写的林散之，也就青睐有加。

村上是日本关西书法的领军人物，且并非第一次访华，到访南京，林散之是一定要见的。

据邵川先生研究，此次访华，以香川峰云为顾问，以木村智子为秘书长，共有16人。代表团从大阪飞抵上海，再飞北京，中日友好协会会长廖承志、国家文物事业管理局局长王冶秋、中国佛教协会负责人赵朴初等在北京举行了欢迎宴会。

“3月8日，日本书道家乘坐火车离京，当夜抵达洛阳。9日晚上向西安出发，在火车上度过一夜，10日早晨抵达西安。12日晨抵郑州，当天傍晚由郑州乘坐飞机出发，夜里到达南京。13日在南京，首先至南京艺术学院，观看了学院组织的演唱会，学生们用精湛的独奏、独唱、合奏、合唱、舞蹈和京剧表达了对日本书道家访中参观团的热烈欢迎。下午中日两国书法家举行笔会，林散之、谢海燕、陈大羽、丁吉甫、赵士桂等参加了笔会。14日上午在南京博物院，欣赏了江苏省历史文物，以及孙文、八大山人的书画作品，随即又参观了中山陵、南京长江大桥。14日午后，乘列车当夜到达上海。18日上午由上海返回日本，下午抵达东京。”

林散之有一封给好友邵子退的信，详细介绍了日本书道访华代表团与之会晤的过程：

我这个虚名真够累人。那（哪）知道这个虚名又弄到日本去，一是《人民中国》杂志，二是去年参加日本书法，有我（一）件。日本人对我的书法大加赞赏。去年日本书法代表访问中（国），未肯让他们到南京来见我。直接到苏州、上海，回国后，日本书法界问他们（是否）见到中国一等书法家，他们自惭空回过。这次代表团来华时，向外交部提出要求，要到南京见我，外交部不好辞了，只得陪他们到南京来。他们来时，由艺术学院接待，与他们接谈的，也是艺术学院的几个知名老师，南京一班能书的都未参加。前一天就由南京外事派人来同我联系，第二天下午一时，乘小车到艺院，把我收在一间办公室里，暂不让日本人见面。初步由艺院领导和教师，陪他（们）介绍情况和参观艺院展览一些陈列作品。最后才由艺院领导人陪同日本书法代表团一行十六人，女的五人，到我这里来相见。团长叫“村上三岛”，向我致以最热烈握手和八九十度的鞠躬礼。随行十五人也同样的（地）敬礼。团长介绍我的声名，书法的价值非常崇高。说是一张字可值日金一万元，能换两部汽车。昌庚在旁记录，翻译员讲过他写，我听到此话，直是头上流汗，恐怕你们听到也不成话。见面后开一个座谈会，大家谈过，我也谈几句关于毛主席文艺方针和书法和中日友谊关系，以及中国传统用笔之法。以后交换书法，先由团长写两幅后由我写两幅，都是主席诗词，并我写的四首七绝。艺院教师陈大羽写了两幅，其他的教师也写了。日本同来的大半写了，水平不高，魅力有一点，只是粗暴些。日本人看到我的执笔平腕竖锋，惊奇非常，大家围着看、拍照，我的眼都被他们照昏了，一直弄到下午八点才散，团长向（我）致谢辞。我的字只送他们两幅，主席（诗）一张，自己诗一张。字是艺院领导双手捧上送他们的。这些事，我是第一次，下次要这样玩，我不干了，把人弄昏了。

此次会见，林散之被设计成了一种高不可攀的身份。一是故意迟迟不见，二是日本人向其行鞠躬礼的时候，林散之几次欲站起来回礼，都被按住。林散之觉得这样“架子太大”，但有关负责人指示一定如此，林散之也颇为无奈。在会见时，他的儿子昌庚受命在侧，几次按住林散之的肩头。

林散之有自己特殊的执笔方式，他的儿子林昌庚在文章中写道，“父亲写字时，所有日本友人都围在父亲四周，看父亲是怎样写法。他们见父亲用那样细而软长的羊毫写出那样刚健的草书，而且笔锋始终是直立的，十分惊奇。他们的团长等父亲写完后，试着用父亲笔写，但一用力，笔就瘫软下来，无法写，只好用自带的硬毫笔写。父亲笑了。”

用笔有独到之处，用墨更让日本书法家啧啧称奇。林昌庚记道：“父亲写字是采用绘画用墨的办法。画法用墨有七种：积墨、破墨、焦墨、宿墨、浓墨、淡墨、渴墨。为取得不同的墨色，父亲总是先把墨磨得很浓很浓，然后破清水写字，水墨交融，洇散渗化，加上写字过程中笔上墨的多少不同，写出来的一幅字就有浓淡深浅，湿润枯燥等多种墨彩。日本书道家从用墨到用笔一直站在旁边仔细观看。起初，工作人员把墨磨好后，父亲仍叫再磨，过了一会儿以为磨好，父亲仍叫继续磨，一直磨到很浓很浓。日本友人觉得不可理解，这样稠的墨如何写字？等到父亲写字前，又要来一碗清水，用水破浓墨。这似乎是自找麻烦，磨得那么浓，又来加清水，既然如此，当初又何必拼命叫人把墨磨得那么浓呢？等到父亲用这种清水破浓墨的方法写完字后，墨色变化万千，日本友人不禁惊叫起来"。

这次与日本友人的雅集，还有一个有趣的小插曲：由于当时一切生活用品都用票购买，林散之的棉衣袖口已破，因此，写字时把袖口往里卷。昌庚按惯例给父亲把袖口向外卷，被父亲悄悄打了一下。昌庚深情地说，父亲是"怕露出棉絮给国家丢脸"。

林散之自是诗人本分，士人心态，虽然日本书法家处处尊重，但自己并不托大，真挚地写了两首长诗，赠送日本友人。其一为《赠日本人书道访华参加团》：

黄河之水远接天，赤县扶桑两地连。
千数百年唐盛日，早通通宝开元钱。

红白樱花烂漫开，盈盈一水送春来。
祝愿此花香不老，千秋万代好同栽。

好风吹面自东瀛，两岸幽情日日深。
有笔如花同似锦，原从兰芷荐芳心。

喜接嘉宾颜笑开，烟光如海望蓬莱。
遥望桂子秋登日，八月金黄君再来。

另有两首《书赠日本友人》，也是对中日友谊充满信心：

日映天门一望开，有人招手向蓬莱。
春帆无限波涛里，载得东方友谊来。

新酿蒲桃酒数缸，箱封未肯独先尝。
麻姑遥指云间路，笑赠瑶台田一郎。

村上三岛与多名中国书法家关系甚密，知名的有书画家董寿平和启功。前者曾向村上三岛示范王铎“悬空书写”的特殊手法，后者则与村上三岛合编了一套27卷的《中国真迹大观》，精选2000件书法珍品，按时代排序，全书分晋、唐、五代、宋金、元（3册）、明（8册）、清（13册）、民国、现代（2册）、名品选（1册），在中日书法界都影响甚巨。

三百六十日　勤劳独占先

日本友人的来访，提高了林散之的声誉。

1975 年 5 月，荣宝斋邀请林散之去北京创作，女儿荪若和儿子昌庚陪同。林散之携带着自己的诗集《江上诗存》手稿，请启功和赵朴初赐教。

山水画

启功、赵朴初与林散之的关系，缘于韩瀚，北京初见，但彼此并不陌生。启功曾亲致信林散之恳切问候，为感谢林散之赠画，以家中所藏定制旧墨为回礼。

信中，启功说自己“所恨不能日侍笔砚，时获钳棰，则十年夙疾，不愁不溛然汗而霍然病已也”。

启功有痼疾，“然所苦不但不能根除，且不能多看书，尤不能深思，构思稍久，立致发眩。”启功认为，这很可能是内中积郁，寒气不散，如果像学生一样回到学堂，总有老师在侧敲打，每天都出出汗，病可能就好了。

因此，“所恨不能日侍笔砚，时获钳棰”，不过是诗人间的谦言。坊间据此猜测启功欲拜林散之为师，似可深察。

林散之写了《题画报启功教授》，与启功先生颇有惺惺相惜之感：

> 读君诗句感君意，同是嘉陵惜远游。
> 江上曾听连夜雨，客中犹记一年秋。
> 乱峰处处飞黄叶，断岸时时起白鸥。
> 四十余年陈迹在，浪花声里送归舟。

启功为林散之的诗作写了一篇短序，序言寥寥数百字，评价亦不见有夸饰之词，只是泛泛地说“随意所之，无雕章琢句之心，有得心应手之乐”。

赵朴初也写了跋，所言同样泛泛，只有一句赞语“益深钦佩”，似有应付之嫌。

与短跋一并书写的，是一首诗。其诗曰：

> 不须纸背认仙骸，照眼琉璃万顷堆。
> 风雨萧萧惊笔落，精神跃跃看花开。
> 庄严色相臻三绝，老辣文章见霸才。
> 三载感翁勤拂拭，愧余心镜未离埃。

赵朴初的首句，化用了老杜的一句“波涛万顷堆琉璃”，了无新意，尾句则化用了禅宗六祖慧能的著名偈语。

林散之以其意，回赠了一首诗《题画赠赵朴初居士》：

沾沾未得脱形骸，浪费平生纸几堆。

客慧何因自我出？好山今始为君开。

难从色相袪陈迹，且借神明化不才。

一寸秋心一尺素，于无是处报涓埃。

林散之的回诗，基本上是针对赵朴初的诗而写，首句自谦，第二句化用了苏轼的“不比狂花生客慧”和老杜的“蓬门今始为君开”。在诗的韵味与诗的能指上，与赵朴初堪堪打个平手。

此次赴京，林散之还结识了李真、陈英等一些喜欢书法的将军，还参观了著名的广济寺，但也并未特别开心。

在给老友邵子退的信中，他说“余今年以来，血压偏高，头目昏晕，而求字者仍是纷纷不绝，真无可奈何”。

去北京一游，本来想“借作避债”，结果，“只玩了半个月。事实上，身体吃不消，既要接客谈心，又要写字”。

回到南京，林散之就病了一个多月，后来南京双门楼宾馆要整修接待外宾，需要他去进行书画创作，才从病榻上爬起。

林散之（左）与高二适（右）

索画之苦，林散之早就领教。他颇为苦恼地向老友诉说道：“自北京回来病了一个多月，主要因为游览、应酬、写字，造成脑动脉硬化，整天昏睡，还有一些人不原谅，索字。”

1977年清明，为避画债，林散之躲回老家乌江。在给儿子的信中，他很悲愤地写道："这次回家，本想休息，事实相反，天天家里来人，实在闹得头昏。什么人都要写字……秋平（儿子林昌午的夫人）急的要死，家中准备度春荒的粮食给人来吃光了，过年剩的咸鱼、咸肉吃光了。昨天又借了百四十斤大米，有什么办法呢？我说我今年八十岁，不能写这么多了，他们不管，望着我笑，好像我是装病。我说我的朋友高二适是写字累死的！他们不管。他死他的，你没有死，要替我写一点作纪念。事情越搞越大，越写越多。其实，回南京也是烦得要死，不能安居的。"

诗人易感伤　杨柳暮苍苍

1978 年 2 月，林散之被选为全国政协第五届委员会委员，2 月 21 日，由儿子林昌庚和孙女林丽青陪同进京参加全国政协第五届委员会第一次会议。

林散之诗兴大发，在京期间，共作诗 14 首。但回南京时，与全国政协委员陈中凡教授同一包厢，一天一夜就作诗 8 首，是在京期间的一半还多。两人一唱一和，雅兴很浓。《车中呈陈中凡教授》，广涉儒释道与时代人物，甚为有趣：

车中得遇陈中老，雅望江南慰所契。
两个聋子各无语，一觉直睡三千里。
吾人为学要自得，嚣嚣多言识者鄙。
为学日益为道损，损之益之各有是。
老氏无为无不为，无为有为道之旨。
读书万卷终何得，抉择真诠在自己。

奇事奇人冉大姑，大寿百岁已零五。
人问养生之妙术，劳动乃是养生主。
又问营养恃何物？真空真气风和雨。
我闻此言真道理，为学求益徒自苦。
秕糠道德笑孔丘，荑稗仁义羞孺子。

何如大姑两不取，专心一气精神聚。

此时“文化大革命”已过，仍笑孔丘“秕糠道德”，似受旧习影响，但也有去儒崇道的意味。

陈中凡是南京大学教授，著有《中国文学批评史》《中国民主思想发展史》等书。1919年在北京女子高等师范担任国文部主任，1921年任国立东南大学教授兼国文系主任，是知名教育家、学者。

在另一首诗前，林散之还附了短跋，“自北京归来，车中得遇陈公中凡教授，作诗数首以报。今陈公不辞辛苦，馈我以诗，复作俚句答之，以博一粲耳。”

昨日蔚蓝好天气，得遇陈公惊凡异。
两两相对各无言，口虽无言心共契。
梦中一觉三千里，梦里之言尚能记。
半记半忘筌蹄在，臆语真言实所寄。
今读公诗真琼玉，不弃俚言杜与杕。
愿公勉力冉大姑，同守天真鄙文字。

两位长者都已经年高失聪，靠纸笔交流写诗，亦是一段佳话。林散之谦称自己的诗为“俚句”，但表达了与陈中凡教授“同守天真”的愿望。

林散之与陈中凡教授

1978年，是知识分子的“春天”，也是作家和艺术家的“春天”。能够参加全国政协会议的，都是一时贤达，媒

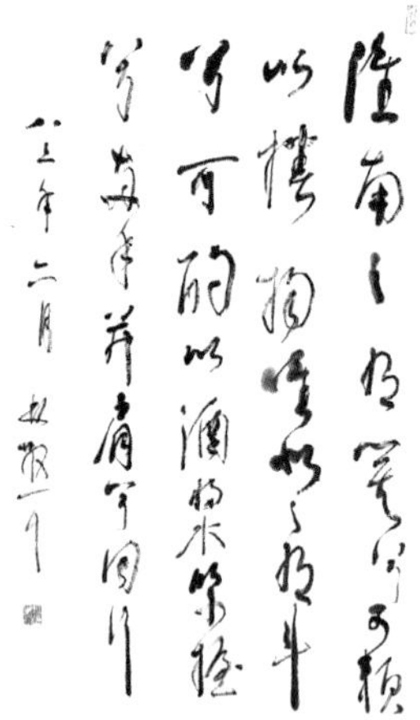

草书作品 1983年

体不再仅歌颂工农兵，对知识分子的报道，也日渐重视。

新华社记者古平对林散之早有耳闻，全国政协五届委员会第一次会议结束后，即到百子亭采访林散之，写了一篇《奇境纵横又一家》刊登在《人民日报》文艺部编的《战地》增刊第一期上。

1980年8月，《林散之书画展览》在江苏省美术馆举办，《新华日报》随后刊发了古平与夏阳共同撰写的文章《业精于勤——林散之书画展览观后》，社会各界对林散之有了更多了解。

12月，此次展出的作品，又全部拿到安徽进行了展览。

1983年，林散之又当选为全国政协第六届委员会委员，参加第一次会议期间，与刘海粟相处甚笃。因身体老病，第一次会议以后的历次会议，林散之均未能参加。

1985年3月，安徽黄山书画社出版了《林散之书画选集》。12月，江苏美术出版社出版了《林散之书法选集》。1987年7月，江苏古籍出版社出版了《乙瑛碑林散之临本》。

1987年，林散之的一幅草书作品《陆游诗〈剑门道中〉》，引发书坛关注。《书法报》发表徐本一的文章，称林散之的这幅作品"举重若轻，直迈古人，堪为当代杰作"。

两年后的全国第四届书法篆刻展，林散之选了一幅作品参展，《书法报》发表了舒蒙的文章，谈及评委对林散之作品，已经不仅是欣赏、评判，更有了研究、观摩、学习的意味："在林散之老先生的作品前，评委们团聚小圈，品评赞赏，仔细推敲。"

第十一章

东瀛来客：中华有草圣　遗法在此翁

一九八四年五月十五日，以书法家青山杉雨为团长的日本书道代表团访问南京，并与林散之会面。

这次历史性的会面，将林散之在国际书坛的声誉，抬到了一个全新的、超越同侪的高度。

青山杉雨留下『草圣遗法在此翁』的题字，成为林散之『草圣』之名的滥觞。

关西早膜拜　关东才服膺

20世纪80年代的日本书坛，分关东与关西两派。

关西派的领袖，是曾与林散之交流书艺的村上三岛，而关东派的领袖，则是在日本书坛资历同样够老的青山杉雨。

关西派喜欢王铎以及与之风格近似的一批中国书法家，包括张瑞图、倪元璐、黄道周、傅山，美学上追求所谓的“明清调”。

而关东派则在美学上追捧所谓的金石风格，力推赵之谦、吴昌硕。

1891年，被誉为“日本近代书道之父”的日下部鸣鹤，远渡重洋来中国，拜会吴昌硕，归国后，向学生和朋友大力推荐和传播吴昌硕及其艺术风格。

受其影响，他的学生河井荃庐来到中国，追寻吴昌硕的脚步，钻研中国金石之学。

河井荃庐成为吴昌硕唯一的日籍弟子，在给吴昌硕的一封信中，他称赞吴昌硕的篆刻“直秦直汉，古朴苍然，妙不可言……当子子孙孙永宝焉”。

在华期间，河井荃庐喜爱上了赵之谦的作品，并大量收集，汇集成《悲盦賸墨》，于1918年在日本出版，影响了一批日本书法家。他的学生西川宁说，“面对赵之谦的作品，带给了我不可思议的感动。我将此书置于枕边，每晚如不阅读一遍就不得安睡。”之后，西川宁拜河井荃庐为师，潜心研究赵之谦。

在河井荃庐的努力下，他的大弟子西川宁、松丸东鱼、小林斗盦以及再传弟子青山杉雨、再再传弟子高木圣雨都成为吴昌硕艺术的推崇和研究者。其中西川宁与其学生青山杉雨后来建立了庞大的书法团体—— 谦慎书道会，几乎涵盖了日本书坛半壁江山。

青山杉雨 《黑白相变》

到了青山杉雨的时代，关东派与关西派在书艺的追求上，渐渐出现文化合流，有一个中国明清人物，成了他们共同追慕的对象，这就是王铎。

因此，无论村上三岛还是青山杉雨，对林散之的喜爱，都是对王铎极度爱重的一种投射方式。

1979 年 2 月，梅舒适率团访华，他在文章中写道：“这次访问是自《日中和平友好条约》缔结后的首次访问。但是在这次访问中，能感受到强烈的解放感和亲切感，这是以前的访问从没感受过的。特别是在文笔和艺术活动领域，我们能感受到彼此关系的深入，不管在哪个地方访问，都很自在，没有任何拘束感。”

梅舒适原名梅舒适郎，是一位中国通，年轻时就来到中国，在三菱洋行位于天津的信托分行工作，在华期间，他深深地爱上了篆刻艺术。“某次梅舒适郎到上海出差，应邀到六三花园作客，晚

梅舒适书迹

餐时巧遇梅兰芳。敬酒时梅兰芳看他汉语说得很好，梅舒适郎递上名片说他非常敬仰中国的传统文化，他应该怎么做才能更像一个中国人。梅兰芳看了后说只要减去名字中的最后一个字，穿着像教书先生，他就看起来更像中国人了。梅舒适郎念了几遍“梅舒适”，觉得果然像中国人的名字，于是当场改了名字，第二天便请人为他印了新的名片。

蒋频先生在文章中写道，“梅舒适与中国书画篆刻艺术家进行交流时十分谦逊地谈到：中国的书法直接影响到日本，而影响比较大的首推杨守敬、赵之谦、吴昌硕三位老先生。”

杨守敬到日本之前，日本书坛一直崇尚“二王”书风。1880年，杨守敬以大清国驻日本国公使馆馆员的身份赴日，带去了一万余种历代碑帖，给一直依靠元明法帖的日本书法界以巨大的冲击。受杨守敬的影响，日本书法家岩谷修、日下部鸣鹤、松田雪柯等人将研究视角伸向六朝，书风大变，被日本书法家称为“日本书道近代化之父”。

蒋频认为，“杨守敬以碑学思想动摇了遣唐使所遗传的二王晋唐书法观念。赵之谦则是碑学书法创作大师，他的法式直接体现在青山杉雨等日本现代书法家身上。吴昌硕则以篆刻成为日本篆刻界的他山之石。”

梅舒适一行来华访问的第四个城市是南京，在那里，他和代

1981 年 11 月，南京书画院在本院举行院展作品观摩会，省市领导参加。左三是江苏省副省长宫维桢，左四是林散之（有拐杖），左五是曹汶，左六是南京市委徐智书记（白衣）（图片提供：王罡）

表团成员见到了林散之。梅舒适激动地写道："在这里我度过了这次所有访问中最难忘的时刻，就是能亲眼看到自己崇拜的中国书法界第一人林散之先生。林先生行走不是很方便，甚至到宿舍都要靠别人的帮助。我们深切地感受到林先生是中国书法界里谁也比不上的令人尊敬的人。"

那一年，南京市委决定筹建"南京书画院"，林散之被聘为院长。

1981 年 5 月，日本书法家西岛慎一随同青山杉雨等访华，看见江苏美术馆门上挂着"中日联合书法展览"的横幅，署名"散耳"，他在文章中写道，"字体是带有行书味道的楷书，惹人注目的是'法'的结构，很像王铎的风格"。

在他看来，林散之"无论是外貌还是举止，都有一种纯净的、代表某种世界的姿态。他流露出稳重的笑容，言语不多，做派不足。在宴席上，请他合影的人接连不断"。

草圣有遗法　此翁得真传

青山杉雨访华，与林散之的书艺互动，形成了一则新的书坛佳话。

1984 年 5 月 15 日，青山杉雨作为团长的“日中书法友好访华团”到达南京，恳请上门拜访林散之。

不巧的是，林散之家正在修缮房子，不便待客。

而青山杉雨诚意十足，提出一定要见林散之，家里实在不方便，“不妨在门外相见亦可”。林散之一方面确因家中不方便待客，又被青山杉雨诚意所感，就请人帮忙，把书画院收拾了一下，在那里会见了青山杉雨一行。

青山杉雨出生于名古屋市郊，后随父亲迁居东京。自幼接受中国书法训练，25 岁时，参加泰东书道院举办的书艺展览，初露锋芒。30 岁时，拜西川宁先生为师。

“他在 30 岁拜师时，西川宁要求他学习中国清代包世臣的书法。包世臣的书法比较冷僻，青山杉雨觉得自己不适合学这种书风。毕竟是进宝山探过宝的，青山杉雨的书法创作看不出受到包世臣多少影响，但是包世臣的书法理论对他的影响却很大。其后，青山杉雨以包世臣提出的‘气满说’为其书法审美标准，从而开始了自己带有金石风味的书法探索之路。”

林散之与青山杉雨都与包世臣有着某种联系，青山杉雨吸收了包世臣的审美观点，而林散之的悬腕执笔之法，正是经由范培

青山杉雨 《万方鲜》

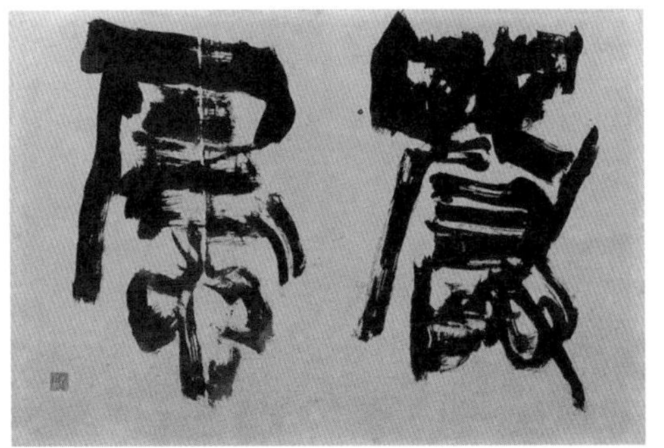

青山杉雨 《严风》

开，传自包世臣。

“青山杉雨特别喜爱清代碑派书家的作品，收藏也颇为丰富。他对明末清初的奇谲书风颇为倾心。在他藏品中收集了张瑞图、黄道周、倪元璐、王铎、傅山等名家的代表作。”

蒋频先生评价说，“20 世纪的日本书法界在二战以后迅猛发展，更涌现出了丰道春海、铃木翠轩等巨匠，打造出了种种流派，将现代日本书法改造成相对独立于中国传统书法的新的体系——‘日本流’。而这其中，青山杉雨起着重要作用，尤其是 20 世纪的后 20 余年中，他是跨越各种流派，融合各种思想观念的最高指导者，地位之高，组织能力之强，超出我们对一个书家的想象。”

青山杉雨之子青山庆示表示：“父亲热爱中国，尤其爱江南。在其晚年，每隔一两年一定会来中国一次，还曾写了日记《江南游》。”

东京国立博物馆副馆长岛谷弘幸则评价道：“青山杉雨崇尚中国文人的思想和生活方式，或许他很想要成为中国文人之一分子。”

林散之与青山杉雨的会面，十分友好。章炳文在《留得真情在人间—— 忆散之老人二三事》一文中写道：“两位书坛大师相见，亲切无间，即席题字，青山杉雨题‘草圣遗法在此翁，后学杉雨’。这评价，先生是当之无愧的，在场的人都为之振奋。事后我提及此事，他（林散之）写道：‘瞎吹，我不承认。站住三百年才算数。’”

当地的报纸《南京日报》，刊发了一则标题为《林散之会见日本书法家》的消息，文中说：在日本，林散之被书法界誉为“当代草圣”。日本朋友为能够见到林散之，有机会当面请教，感到十分愉快。林老对日本朋友的来访表示欢迎和感谢。会见后，宾主互赠了题字。

会见结束后，林散之又参加了“第二届中日书法展览”，日中书法友好访华团秘书长谷村憙斋推着林散之的轮椅，像对待一位很久没见的亲人。

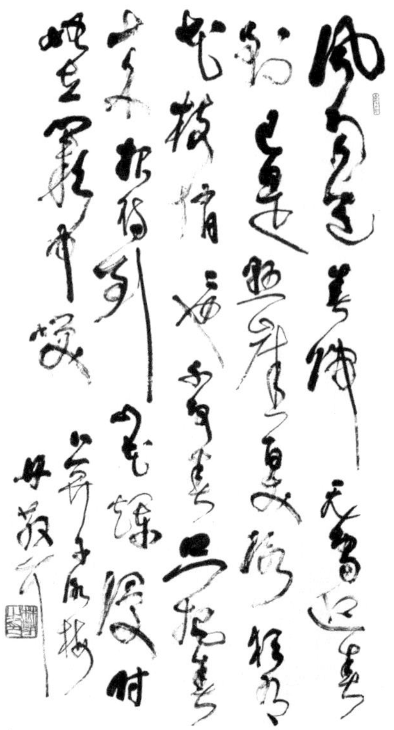

《瞭望》杂志 1984 年 11 月 19 日，发表了张欣的文章《草圣遗法在此翁——记老书法家林散之》，文章写道：当今中国书坛，群星熠熠，而人们把林散之当作闪烁异彩的星座。一九七三年第一期《人民中国》杂志介绍了林散之的书法艺术之后，更引起了国际友人的注目。有人竟认为他的作品可与唐代“草圣”张旭媲美。

草书作品　1981 年

此处犯了错把冯京当马

凉的毛病，误以为“草圣”是张旭，其实在日本书坛，那个遗法给林散之的“草圣”实为王铎。

但此文影响甚大，自此以后，人们渐渐用“当代草圣”来称呼林散之，至于“草圣”遗法此翁 —“草圣”法在此翁 —“草圣”是此翁之间的语词与含义之间是如何转换的，已经并不重要。

西岛慎一在文章中说，“当时杉雨先生刚出版《江南游》，便把书赠予林老。其中，他写道：‘在我尊敬的当代书法家中，林散之是一位。’”

多年后，西岛慎一回忆这次会面时说，中日书法家在南京莫愁湖的郁金堂举行了笔会，“林老写了‘渔水’两字的横幅作品，并赠予杉雨先生，而杉雨先生则写了‘草圣遗法在此翁’赠予了林老。”

青山杉雨书迹

林散之在书写时，作为观察者，西岛慎一的眼里充满尊敬，“林老先生由于烧伤的后遗症，右手只有三根指头可以动。那三根指头轻轻执笔，大幅挥腕，听说他自己领悟到了包世臣的悬腕手法。他的草书以王羲之为宗，字体是基于怀素，笔势则是基于祝允明、董其昌，还有王铎。林老写的草书即便变形夸张重一些，但其骨法不乱的秘诀正在于此。他是一位洞察古典，并将其现代化的大家。”

1985 年，青山杉雨等再访中国，适逢傅抱石纪念馆开幕，得以与林散之再聚。两人计划1987年绍兴再会，同去参加兰亭书会，但由于林散之身体欠佳，这个愿望未能实现。

西岛慎一颇为感慨地说，“林老先生的作品触动着日本人的心弦，也许在日本能理解此书艺的人甚至比中国还多。”

西岛慎一撰文说，青山杉雨在杂志《书法画册》中，用一整页的篇幅发表了林散之的作品，他认为能如此隆重对待的中国书法家，只有“楚图南、赵朴初和刘自读”。

第十二章 生天成佛：犹念旧风雪 诗成寄故人

林散之对于『草圣』名号，并不是特别看重，认为必须经得起时间检验然后才见分晓。面对狂热的吹捧，他自己清醒地认为是『瞎吹』。

名重一时的林散之，晚年心态淡然，曾作诗自嘲：醒时醉扫三千字，满纸涂鸦不值钱。

有关机构请其为乃师黄宾虹题写书签，他恭敬地上写『黄宾虹吾师』，下写『门人林散之』。固守着师生之间的尊卑礼仪，彰显着自己的道德修养。

弥留之际，执意索来纸笔，写下『生天成佛』四字，然后溘然长逝。

艺成天下惊　心态却淡然

晚年，林散之疾病缠身，脑动脉硬化、心律不齐、高血压，让他经常感到头昏。1979 年，林散之去北京参加全国政协会议，在火车上蹲厕所，导致心梗。随行医生抢救后，急送北京人民医院治疗，十余日后方脱离险境。

从 1973 年开始嗜睡，每天睡三次，夜间、上午早餐后和下午午餐后都要各睡一次。林散之曾经自己写诗，调侃自己的嗜睡。

沉沉酣睡学陈抟，一觉醒来春已过。
庭树渐移窗外影，更谁大梦悟春婆。

对于生命，林散之是豁达的，他知道嗜睡并不是健康的状态，不但勇于面对，还勇于自嘲，表达了昂扬乐观的情绪。

昏昏沉沉欲上天，一觉酣眠数十年。
醒时醉扫三千字，满纸涂鸦不值钱。

在他的眼里，书画只是道德的外化，是生命的具体呈现，而不是商品，更不是名利所系。这一过程是美好的，酣睡或者醉书，都令他感受快乐。

林散之的“睡”，并不是完全的沉沉入梦，更多的时候，是卧床的假寐或小憩，在“睡”的状态中，他在心里搜寻着诗意。

终日昏昏唯一睡，睡中颇得禅三味。
醒来却写梦中山，似画非画有真味。

他爱诗如命，常常“推敲常夜半，苦思不能睡”，医生劝他，让他“戒诗”，他却仍然在床上辗转反侧，医生问他在干嘛，他说在写《戒诗》。

在这首诗中，林散之真挚地表达了自己对诗的热爱：

一字千斤重，微情之所寄。

在林散之的时代，诗已经不是记录时代变迁的利器，而成了记录内心情感的最好寄托。他深知这一点，所以，更多时候，是借诗以自我歌啸，自适、自存。

改罢自长吟，独得其中味。

他自问，自己年龄已高，守着诗歌这件事业，始终不能忘怀，到底是因为什么呢？一直说“戒诗”却总也“戒不掉”，原因究竟为何？他自己回答道：

魅力亦何深，有如醇醪醉。

是诗本身的魅力，深深吸引了他，让他“半生为此暴”。

1986 年 11 月，为林散之 90 岁祝寿（实际 89 岁）。右起：武中奇，陈慎之，林散之，萧娴）（图片提供 王罡）

也许，写诗与长寿之间是有冲突的，也许并不。但林散之不愿意计较其中利弊，哪怕真的不利于健康，也不会舍弃诗歌。

1989 年 7 月底，林散之因脑动脉硬化、肺气肿住进了医院。出院后，身体羸弱不堪。女儿荇若、女婿李秋水来看他的时候，他直言："我就要走了！"

1989 年 10 月 15 日，家人提前为他过了 92 岁生日。寿宴后没几天，一天中午起床后，已经数月没有写字的林散之突然让二儿子为他准备纸笔，说要写字。儿子劝他休息，他十分生气，怒视着儿子。儿子只好按照他的意愿准备了纸笔。林散之喝了一点参汤后，闭目养神半个多小时，在宣纸上写下了"生天成佛"四个字，便溘然长逝。

诗人林散之走完了他曲折多艰又辉煌壮丽的一生。

石谷风回忆说，林散之出了名以后，他到南京看望这位老友，祝贺林散之成了"当代草圣"。林散之拿起笔写了两个字"瞎吹"。

无论成名前后，林散之对指导他学画仅年余的黄宾虹，一直异常敬重。他的儿子林昌庚在文章中写道：

> 1988 年冬，浙江美术学院王伯敏教授主编《黄宾虹书法》，来函要求父亲题写书签。父亲当时已 91 岁高龄，身体比较衰弱，但对此事十分重视。接信之后，端坐案前，沉思良久，用铅笔先在一张稿纸上写出式样："黄宾虹吾师书法"，下款写"门人林散之敬题"。按照来信要求，为了出版规范化，也为了与其他已出版的系列书籍保持一致，出版社总编要求此书名只写"黄宾虹书法"，下款只写"林散之题"。我将此信提出的要求指给父亲看。他很生气，用手怒指我，意思是对老师怎么可以直呼其名。最后，父亲仍然按照自己的意愿把"吾师""门人"这两个示尊之词加上。

林散之是个诗人，也是一个老派文人，强调对师尊的敬称，除了内心的尊敬，还彰显自己的道德修养，固守着师生之间的尊卑礼仪。

杭州建立"黄宾虹纪念馆"，请林散之题字。他恭恭敬敬地用正书写了一首诗："吾师乃是黄山老，天海莲花第一峰。长别九年人世换，相期百代性灵同。琼宫瑰玮曾寻异，古墨斑斓欲继踪。衣钵可怜辜负了，名山事业误匆匆。"

林散之《江上诗存》收录了其晚年部分诗稿，多首与黄宾虹有关的诗，也得以收录其中。

其一为《寿崇德收藏黄宾虹写生稿》：

> 新安法乳久相承，又睹黄山此日灵。
>
> 蓦地楼头一夜雨，窗前洗出万峰青。

林散之参加高二适遗作展

林散之认为，其师黄宾虹与“新安派”一脉相承，并说“新安画派至宾虹师乃集大成，此海内公评，非余一人之私议也。”因此，首句即说起黄宾虹与新安派的渊源。尾句绝胜，为林散之诗中的佳句，“窗前洗出万峰青”，把黄宾虹画的妙处，一语道尽。

另一首《题宾虹师漓江图》，虽无佳句如惊雷，却也让人感怀他对恩师的敬爱：

玄武湖波日夜喧，沿洄声里转乾坤。
师门不尽秋风感，又向漓江认旧痕。

《为题宾虹老人九十一岁画栖霞晓望图》写于他的晚岁时光，不求诗句新奇，韵律齐整，只是表达了对恩师旧作的感慨：

潭渡老人九十一，栖霞岭上画今昔。
一幅清新晓望图，笔墨淋漓干更湿。

无论闻达与否，都以谦卑的态度仰望着黄宾虹，林散之秉持着传统士人对待恩师的礼数，成为那个时代的典范。

名高仍谦逊　温暖待后人

成名后，林散之常常苦于索字索画，但对于年轻后辈，却奖掖扶持，极尽关心。

他的儿子林昌庚在文章中写道："记得有一天，黑龙江省鸡西市有个 12 岁的小姑娘娄正纲，由她父亲带着上门求教。父亲拿了张纸头让娄正纲写几个字看看。她说纸太小了。父亲换了大一点的，她还说嫌小，父亲有点奇怪了，再换大纸。娄正纲不慌不忙悬腕挥毫写了一幅颇为老练的草书。父亲一看，心里着实喜欢。一问，原来她父亲是工会俱乐部搞宣传工作的，经常写大幅标语。娄正纲从小学她父亲的样子，蹲在地上用斗笔蘸水在水泥板上练字。黑龙江省文化部门发现这棵好苗苗，非常重视，特地发了路费，让她父亲带她到南京来寻访名师。

"父亲立即铺纸给娄正纲写字，边写边讲用笔用墨方法。他告诉娄正纲写大字要用臂力，不能光用腕力。用笔才能力透纸背，这是真力。写字时手不能抬高，也不能拖在下面，要上到下一样平，这叫平肘。还要虚腕，虚腕才能使手中的笔自由转动，随心所欲。父亲对娄正纲之父介绍说，他自己 16 岁开始学唐碑、魏碑，30 岁以后学行书，60 岁以后才写草书。小孩子学书法，要先由楷入行，由行入草，打好基础。否则，钉头鼠尾，诸病丛生，要改也就难了。"

林散之爱惜人才，发现了好苗子，不顾自己在书坛的地位与

《太湖秋色》

名气，表现得像一个认真的老师，向年轻后辈传送着自己的书写经验。

林昌庚满怀深情地写道：“父亲爱才心切，给娄正纲写了一幅，又写一幅。旁边有位求书者看得眼红，要拿一幅去，父亲很生气。他一向对真正书法爱好者有求必应，而对那些自赋风雅的人并不那么恭维。”

汪迎是林散之故交的孙子，自幼喜爱书法。林散之非常关心他的成长，给他写信问询他的情况。

汪迎在《林散之先生寄我的第一封信函》一文中，引述了原信。

小汪：（不知你的名字）记得从前你祖父带着你到中央路我的寓所玩过一次，嗣后就未见过面了，现在你已长大了，是在中学读书么？听你父亲说你喜欢写字，要写一点给你学学，我的你是不能学的，恐怕将字学坏了。你送到林学院一本册页收到了，只好先写份行书留着看看，写的是释智果论书，内容很好，你能否领会呢？另外还写两张字都是送你父亲的，都放在上乘巷十七号，夏冰流老先生府上，你可抽空取回，并望写信告诉你父亲，至要！余不尽，祝好！散之字。我是上月初旬来南京的，已一个多月了，最近就要回乌江，不能到你府上看望你们了。你母亲面前和你父亲都替我问好。散又及。

在汪迎的书法练习本上，林散之这位年高德劭的“聋爷爷”真诚地写下了长长的批语：

汪迎胆子大，魄力雄，碗口大的字，他能放手写，都能写自己面目来。就是怕临晋人小楷，我教他临《黄庭经》已数月未临完。各有所长，各有所短：冯仲华不敢写大字，汪迎就怕写小字。冯仲华人请他写大点的字，手直摇说：不会、不会。汪迎人若是叫他（写）大字，他是求之不（得），抓着笔就挥。汪迎无耐心学画，也是犯这个毛病。我叫他学工笔，要学钩勒。他就不能如此耐心，学画不到一点，就大笔挥起来了。我说凡学问先从难处学起，他就不耐烦，就想一下学到黄宾虹地步。我说天下没有这样讨巧的事，成名的是要千辛万苦，像你这样学画，不要一年就成了名家，学到现在一张也画不起来，我气的不说了。古人说一艺之成，良工心苦，不痛己病，将来是不能成大器的。丁巳年腊月聋爷爷赘语。

年轻后学辛文山碍于林散之的名气太大，时间太紧，不好意思求教于他，让林散之介绍一个老师，教他学书法。没想到林散之却说，“学字找什么老师，没事你把字拿来，有空我帮你看看即可。”

应林散之的邀请，辛文山到家里向他当面请教的时候，林散之告诉辛文山，“小楷学钟繇的《宣示表》，王右军的《黄庭经》，大楷学李北海《岳麓寺碑》，行书学米南宫《群玉堂帖》。他还说米芾《多景楼》帖，字大见骨，宜站着写。”

辛文山用了一个小细节，描画出林散之的温暖。“那天他老人家很高兴，留我在他书画案上吃了顿便饭，还不时把青菜汤里的肉圆夹给我吃，老人的关爱令我十分感动。”

而他的江浦小乡友杨玲，则更是得到了林散之格外的垂青。

杨玲在文章中写道：我感到林老和我很投缘，我去见他，他特别高兴，笑嘻嘻地，一脸慈祥，我一进门，他总要家里人端茶倒水。他再忙，也会丢下手头工作与我“笔谈”（他在二十世纪七十年代双耳已失聪了）。

杨玲上小学的时候就在父亲的带领下拜见过林散之，后来又不断得到林散之的关照。“1976 年粉碎‘四人帮’之后，我去南京见林老，那天，他家高朋满座，全是诗文和书画界的名人。他一见到我，高兴地连忙叫我坐下。这时，有位名人坐着小轿车来了。他一来就展开自己的书法请林老指教。林老一见字幅上的落款印章盖倒了，就开心地说：‘客到（磕倒）开心，客到开心（我们家乡话，盖印叫磕印）’。在哈哈大笑中消除了那位名人的尴尬。后来他们高谈阔论，许多话都是关于诗书画的高深道理，我听不懂。林老却老是斜着眼睛瞧我，显得很不安心。过了一会儿，他突然站起来了，打断了客人的谈话，说：‘很抱歉，我得耽误一下，我要招待老家来的孙女，她们还要赶车回江浦去。’就这样，他撂下了客人，到书房与我笔谈了一阵，又为我和同来的女伴每人写了一条字。送给我的字是‘风华正茂，岁月方遒’。寄托了他对新时期的赞颂和对我这个小同乡、小孙女的厚望。他把字送给我时，语重心长地说：‘我的字画要送给诚实的人。’”

与君交不浅　独立发长叹

林散之与邵子退先生，少年订交，终生以同怀视之。

邵子退的孙子邵川在《林散之与邵子退》一文中写道：

1973年，林老回到南京，每日来访者络绎不绝。然而他却时刻思念着江北的挚友。每逢春暖花开之时，亦邀祖父徜徉于玄武湖畔。那时，南京除在玄武湖举办书画展览，也办起了秋菊展览，吸引了不少游人和文人墨客前来赏菊抒怀。林老托人带信邀祖父来宁观赏秋菊，天天盼望，结果往往是"有约仍无信，秋空一雁声"。待到第二年的秋菊展览又开始时，林老早早以诗代函相约："玄武湖边花正开，今年更比去年佳，愿君早日整装来。队队鱼儿曾识汝，双双燕子似同侪，湖边相待正徘徊。""江风吹动千帆影，疑是斯人此日来。"此时江北来人频繁，林老逢人便问："子退来了没有？"诗中话语透露了盼望老友之真情。时光荏苒，待到第三年南京菊展，林老再一次作诗《玄武湖菊展邀邵子退》：

又逢红紫菊花开，湖上佳期愿久乖。

请子勿忘今岁约，好随风便早些来。

林散之向来重情重义，对待结义之交兼诗友邵子退，更是终生以兄弟之情相待。

1974年初夏，林散之染病在床，思念起老友邵子退，于是写诗《病卧思子退》：

> 小窗病卧惜匆匆，我已忘言耳更聋。
> 芳草春回四月半，丹书人老十年中。
> 悠悠长昼催闲容，习习微风醒睡翁。
> 有友不来时过矣，云天愁断隔江鸿。

在《林散之与邵子退》一文中，邵川先生还透露了这样感人至深的细节："祖父晚年得气喘病，每年冬季都要发一次。1976 年祖父病得厉害，终日气喘嘘嘘，卧床不起。五叔邵先侍（客子）去南京，林老闻知后，夜不能寐，怆然成诗五首，其中写道："昨日客儿来，知子近多病。老病已可怜，何况逢冬令。"次日即托人购得药品带到江北，并附言："子退四弟，近来身体如何？想冬令不宜老人，弟平时有咳痰，不知今冬恙何？念念！兹奉上化痰止咳丸四瓶试服之可耳。"

林散之与邵子退之间的友情，不但在乌江，也在南京流传。作家鱼丽在一篇文章里，写到了两个人之间的另一则故事：

晚年的林散之

一日，林散之从子退处发现了一幅二十世纪六十年代初的山水横幅，于是借回去准备再配点诗句上去。谁知道过了一段时间，画却不见了，一时又找不到，这时邵子退气愤地说他是个骗子。林散之无言可对，一气之下，上街来到邵家，每次画一二张小册页。几天后，完成小画十七帧。送给了邵子退，并风趣地说："说我是个骗子，这十七张画够不够赔你呢？"1973 年林散之搬家到南京，从旧纸堆里找到了原画，并且将小画十七帧裱成册一道亲自交到子退手中，生气地说："像这样的骗子你多遇几个吧！"

林散之与杨康乐

曾与林散之同事的杨康乐，记述了一个令人唏嘘的故事。1984 年，南京电视台与南京市书法家协会合作拍摄电视艺术片《林散之》，拍摄时，林散之提议，电视里一定要有他的老友邵子退的镜头。"虽然通往乌江的道路很难走，当时的交通也不如今天发达，摄制组的车有时无法行驶，只好拿着机器设备行走在狭窄的小石子路上。而林老自身行动更是不方便，可他老人家不顾困难，几经颠簸，来到了乌江老友邵老先生的居住地。邵老先生居住在一个非常简陋的平房，屋里的陈设也很破旧，老先生已是久病卧床。当林老走进平房与邵老先生握手相拥时，林老激动的泪花在眼里闪动，久久未能挥去。因交通不便，林老闻悉邵老先生病重，很早就想来看望，可一直未能如愿。今借拍片之机，二老才能相见，彼此间的感慨是不言而喻的。"

杨康乐写道，当时，"邵老先生站立艰难，要有人在身后撑住他的腰才能勉强站立。摄像机只能匆匆拍下这组镜头，此情此景可以想象，特别是林老离开邵老先生时，那难分难舍的情景着实让人感动。”

对林散之先生研究甚深的邵川先生撰文说，“林老的人缘特别好。待人和睦可亲、可爱，从不摆架子，也不以名人自居。所以从省市县到乡村，只要提到林散之的名字，没有办不成的事。如亲戚、朋友、学生、弟子调动工作、联系业务、培训进修、购买树苗杉木等，林老均一一照办，或亲自写条，时时推荐，常常过问。”

诚如邵川所写，林散之是菩萨心肠、菩萨手段。

辛文山在《满怀桑梓情，痛悼林散翁》一文中写道，“前年夏秋之交，林老家忽来几位江浦乡下的农妇，他们提着网兜，网兜里带来几个沾满黄泥巴的西瓜，这些妇女因子女要进厂工作，受人索逼，才前来求墨宝的，林老很同情她们，无奈，一气写了数张，老人体弱，显得很累。有位妇女拿起林老的印，手抖了起来，不知怎么盖，见状，我只好代而为之。”

林散之总是那样，记挂着别人，温暖着别人，让别人感动。

古平在《可怜独立开生面，湿处能枯淡处浓——诗友遗诗感散翁》一文中，写下了她与林散之的一个小故事，“很久未去拜望散之老人了，日前陪一位北京来的朋友去求字，便一同驱车前往玄武湖林老寓所。‘你为何几年不来，我很想你，想和你谈谈心……’老人的话使我心头一颤。我自己也闹不清瞎忙什么，平常不登门，有事求他才去一趟。他要是狠狠骂我几句，我还好受些，偏偏他说出那样充满感情的话来，我不禁鼻子发酸，泪水差点溢出眼眶。”

第十三章 自成一家：林体有面目 浑然见淳和

林散之的成就之高，为书坛数十年来所仅见。但他却异常谦逊地说：『做人是学不完的。我到九十多岁，依然是个白发小蒙童，天天在学，越学越感到自己无知。』

据他的学生庄希祖介绍，林散之的书艺分为三个阶段，即七十岁之前的『浓墨阶段』，七十岁以后的『破墨阶段』，九十岁以后的『淡墨阶段』。

林散之一生淡泊，自言：浮名乃虚花浪蕊，毫无用处。必回头，苦于廿年，痛下功夫。

萧娴先生称其：绝艺是老，大聪为聋，风范长存。

锥沙见笔力　真灵泣鬼神

作为一代书坛巨匠，林散之对于书学，有自己的独特认知。在《林散之书法集·自序》中，他如是自道：

余初学书，由唐入魏，由魏入汉，转而入唐、入宋、元，降而明、清，皆所摹习。于汉师《礼器》《张迁》《孔宙》《衡方》《乙瑛》《曹全》；于魏师《张猛龙》《贾使君》《爨宝子》《嵩高灵庙》《张黑女》《崔敬邕》；于晋学阁帖；于唐学颜平原、柳诚悬、杨少师、李北海，而于北海学之最久，反复习之。以宋之米氏，元之赵氏、明之王觉斯、董思白诸公，皆力学之。始称右军如龙，北海如象，又称北海如金翅劈海，太华奇峰。诸公学之，皆能成就，实南派自王右军后一大宗师也。余十六岁始学唐碑；三十以后学行书，学米；六十以后就草书。草书以大王为宗，释怀素为体，王觉斯为友，董思白、祝希哲为宾。始启之者，范先生，终成之者，张师与宾虹师也。此余八十年学书之大路也。

书艺一途，自近世已乱。林散之有六首诗，道尽书坛乱象，也写了自己的学书体会。

其一

满纸纷披夸独能，春蛇秋蚓乱纵横。

强从此处看书法，闭着眼睛慢慢睁。

其二

更美创成新魏体，排成平扁独成名。

自夸除旧今时代，千古真传一脚蹬。

其三

午夜磨砻实辛苦，墨池水涨自通神。

千秋饿隶犹成诮，何况戋戋吾辈人。

其四

法乳相传有素因，蔡中郎后卫夫人。

却怜未识兰亭面，自诩山阴一脉真。

其五

自谓平生眼尚青，层层魔障看分明。

莫言臣字真如刷，犹有天机一点灵。

其六

狂草应从行楷入，伯英遗法到藏真。

锥沙自见笔中力，写出真灵泣鬼神。

几首诗，不求古雅，只为说理。诗中用了“一脚蹬”这样的俗语，表明林散之急迫地想向学书者喊话，不要忘记古法。

他的学生庄希祖认为，认真，仍然是后学者要从他那里学习的首要法门。

庄希祖在文章中写道：

汉碑、魏碑、唐楷以及晋、唐、宋、元、明诸大家的行草书都是林老终身不辍的功课。直到林老晚年76岁（1973年）时，笔者常见其临汉隶《西狭颂》。先生临帖十分认真，双苞手执长锋羊毫（笔头足有二寸半长）在对开的元书纸上蘸饱墨书写八个大字（字径9厘米左右），书写时凝神聚气，十分稳健，笔笔着力，且求基本形似，并无任何率然写意之笔，或故作挪让变形之态。足见林老临帖时一贯的如对至尊的严肃态度。临毕一张定要在纸边左侧订口处写上日月。临完一通后还要落款，加盖封印，署上签条。林老的每一本窗课都是亲手自订，先在功课的订口处钻两个洞，然后用宣纸条捻成纸捻子作粗线，穿过洞口并打好结敲实，装订成一本非常平整的窗课保存起来。笔者于1973年很荣幸地得到过一本先生馈赠的汉隶《乙瑛碑》窗课（此册已于1987年由江苏古籍出版社出版，题为《〈乙瑛碑〉林散之临本》），此册乃先生75岁高龄时所临。先生亦曾与笔者言及其所临魏碑《张猛龙》堆起来有两个书橱高，惜毁于"文革"，从他的表情中不难看出惋惜的神情。如果我们翻检一下《林散之笔谈书法》（古吴轩出版社1994年出版），随处可见林

《锲而不舍》

林散之（前）和学生庄希祖（图片提供：王罡）

老用功临古的踪影：

“我临的（《张猛龙碑》）是精力聚中，精神所至而成，每天早晨百字功课。”

“浮名乃虚花浪蕊，毫无用处。必回头，苦于廿年，痛下功夫。人不知鬼不晓，如呆子一样，把汉人主要碑刻一一摩下。不求人知，只求自己有点领会就行了。要在五更后起身写字，悬腕一百个分书写下来，两膊酸麻不止，内人在床上不知。”

“我在60岁前后写过唐太宗《晋祠铭》，笔意近似李北海，每日两张，八十几个字，每天不辍。”

“1964年11月始写《孔宙碑》…… 那段日子也穿插着练颜字……”

“做人是学不完的。我到九十多岁，依然是个白发小蒙童，天天在学，越学越感到自己无知。”

下笔如有声　千古存一辣

笔法，自是巨擘们能成一家的独得之秘。

林散之有多首诗谈及笔法。

法

有法即无法，无法即有法。

下笔如有声，千古存一辣。

法外法

欲学法外法，问君敢不敢。

千笔成一笔，惊破俗人胆。

庄希祖说，“按理说执笔无定法（苏东坡语），对一位书家的执笔方法无须过于苛求，然而由于林老的执笔与众不同，故须略费笔墨加以说明。”

启功教授在跋林散之先生《中日友谊诗卷》时提到林老的执笔是“悬肘回腕，撮指执笔，纵横上下，无不如志，窃效为之不能成字，而先生笔底龙蛇，枯润相发”。启功先生想效仿林老的执笔法而“不能成字”，可见不同的执笔法将决定其书风的各异。

庄希祖在文章中写道：

林散老的执笔法诚如启功教授所言乃古人“回腕执

笔法”:“回腕法，掌心向内，五指俱平，腕竖锋正，笔画兜裹。”此法与欧阳询主张的“虚拳直腕”，李世民的“腕竖锋正”均为一法。因此林老的执笔法恰恰是唐人古法。笔者亦曾为“腕平掌竖”请教过林老，林老右手执笔，用左手抚摸虎口到竖起的手臂一侧说:“这就是腕平。”然后再抚摸一下与桌面近于垂直的手背说“这就是掌竖。”此法亦可称“虎口”法，与包世臣主张的“腕平掌竖”——手腕两个关节与桌面平行，然后“反扭其筋”与手掌竖起的“凤眼法”不同。

庄希祖根据自己在林散之身边学书的观察，对林散之书写的秘密进行了“破解”:“林老的回腕法是腕肘悬起，是靠腕、臂、肘的协调动作来完成书写的，而一般的‘凤眼法’是将手腕的两个骨节之一‘换来换去地交替着与案面相切近’(沈尹默《书法论》)。”

林散之先生不赞成纯粹用运腕的方法写字，曾告诫庄希祖:“写字要运肘，运臂，力量集中。光运腕，能把字写坏了。腕动而臂不动，此是大病。”

庄希祖先生描述说:

林老写行书或草书条幅均用坐姿(大幅书作除外)。书写时手臂悬空并近于伸直，笔正对鼻梁，然后运臂，运肘并以肘带动腕连写数字，待笔已写到靠身，手臂已弯曲时再伸纸，手臂也重新伸直，如此往复写。林老偶尔也用单苞执笔法，即三指执笔法，就像手握铅笔作笔谈状，但此时笔仍垂直于纸面，手腕往往平覆。由于林老书写时用悬肘回腕法，笔画兜裹，圆转自如，势圆气满，字无圭

林散之晚年照（图片提供：王罡）

角，故林老的双苞回腕执笔法对先生特有的草书风格的形成起到了不可忽视的作用。

书坛大家均有自己喜爱的或者专用的纸笔，三国时的著名书法家韦诞，对笔墨纸都十分挑剔，皇帝让他题署宫观，“给御笔墨，皆不任用”。他说，“夫工欲善其事，必先利其器，若用张芝笔、左伯纸及臣墨，兼此三具，又得臣手，然后可以逞径丈之势，方寸千言。”

庄希祖先生透露，其师林散之擅用长锋羊毫笔。长锋羊毫笔因锋长且软，笔按下后很难拎得直，故不易掌握。“其实，长锋笔古已有之，南朝宋虞龢《论书表》云：‘草书笔悉使长毫，以利纵命之便。’南宋姜夔《续书谱》云：‘笔欲锋长劲而圆。’长则含墨，可以运动，劲则刚而有力，圆则妍美。林老还认为羊毫笔才能写出刚的字来。他喜用柔韧而有弹性的长锋羊毫笔，因其周旋余地广，能随意提按，纵笔为主，起倒自如。林老在挥毫时笔毫偶而几经翻绞，已完全绞成如散开的麻花状，然而林老却还要写几个字，再在运行中将笔毫理顺聚拢。有时在绞转时甚至发现毛笔已成船一样的弧形，笔尖已离开纸，仅靠笔腹着纸，林老居然还能皴擦出笔道来将这一字写完。因为草书在书写过程中是无法舔顺笔锋的，只有靠书写时的技巧来理顺笔毫。难怪林老晚年书作中的线条朦胧虚无，令人看不出它是中锋还是偏锋所为，完全是长锋羊毫笔与国画山水的皴法相结合的结果。从而拓宽了书法创作笔法的技巧，这也是林老使用长锋羊毫笔的贡献。”

庄希祖介绍，林散之先生的书法之所以有独特的纸条美，与其师所用之纸，也有关系。“林老最喜用绵柔的旧纸，表面毛糙的厚纸，诸如夹宣之类。林老不爱写表面光滑的纸。1975 年笔者偶得一张四尺三开的乾隆宣，十分高兴地请林老试纸，林老抚摸了一下纸的表面说：‘这纸太光不好写。’于是勉为其难地写了自作诗《西坞二首之一》，确实线条显得颇为平淡无奇，缺乏那种屋漏痕似的丰富内蕴。而 1973 年先生写的草书代表作《李白草书行歌卷》用的纸是安庆土制的一种极薄的呈半透明状的桑皮纸，一般人对其只能望洋兴叹，可林老却能写出如虬龙般屈曲多变的线条来。可见虽然年代相近，同样的功力、同样的笔墨，然而由于纸张的不同，竟会出现如此不同的效果，因此纸张的是否称手亦是书法创作非常重要的一个环节。”

张晓庆先生撰文说，林散之先生酷爱潜山土制的桑皮纸，曾写信向他的学生唐大笠求助，“寄示皮纸，即过去市场所售之桑皮纸，能作书画之用，不知多少钱。以后还需多购，等寄钱定夺可也。”

一弓山月冷　偏照旅人衣

书家重墨，但墨只是工具，如何使用，各家均有自己的“墨法”。

清人沈曾植在《海日楼札丛》八卷中云：“墨法古今之异，北宋浓墨实用，南宋浓墨活用;元人墨薄于宋，在浓淡间，香光（董其昌）始开淡墨一派，本朝名家又有用干墨者。大略如是，与画法有相通处。自宋以前，画家取笔法于书，元世以来，书家取墨法于画。”

林散之亦重墨法，在《又论书四首》中，均谈及墨。

其一

天际乌云忽助我，一团墨气眼前来。
得了天机入了手，纵横涂抹似婴孩。

其二

回首当年笔阵图，卫夫人去海天孤。
既笑古人又笑我，苍茫墨里太模糊。

其三

始有法兮终无法，无法还从有法来。
千古大成真辣手，都能夺取上天才。

其四

书法谁人似墨猪？垢衣赤脚一村夫。

横撑竖曳芦麻样，不古不今笑煞余。

这首诗写于林散之的晚年，第二首诗写了自己对用墨之法的反省，检讨自己曾经用墨太重，像是在墨海里浸泡过一样。到了第四首，则直接批评苏轼，标榜使用淡墨。认为重墨像“垢衣赤足的村夫”一样，登不了大雅之堂，是一种乡村野趣。

林散之的学生庄希祖总结了其师的用墨，“综观先生书法作品中的墨法运用大致可分为三个阶段，第一阶段浓墨阶段，第二阶段浓墨破水阶段，第三阶段淡墨阶段。”

庄希祖认为，70 岁之前，一直是林散之先生的“浓墨阶段”。他说，林散之先生是深知书法的筋骨与血肉之间的主次关系的。虽说笔与墨是相辅相承，缺一不可的，“有笔即有墨，有墨即有笔”。然而笔毕竟是基础，是书法中的骨与筋，而墨与水只是敷在筋骨外的血与肉。故古代书家都强调立骨的重要性。孙过庭《书谱》中主张先立筋骨，“骨既存矣，而遒润加之”。黄宾虹先生也主张：“笔法先在分明，层叠不紊，功力已到，则以

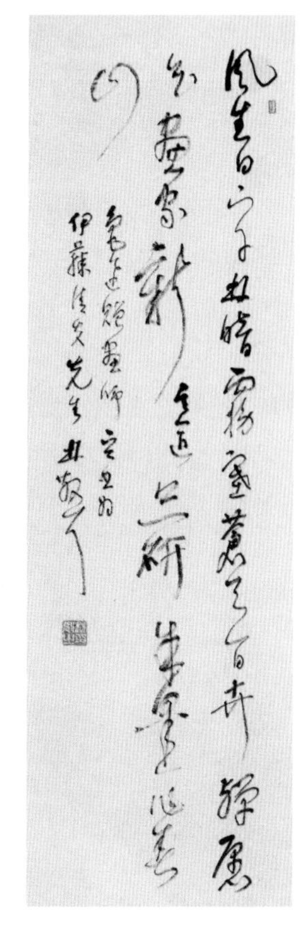

草书作品

墨法融洽之。”

庄希祖分析说，“黄老虽然讲的是画理，然与书理相通，因此林老在早年，甚至到中壮年，仍在笔法筋骨上狠下功夫。追求骨力之刚健，而不以墨法来取巧。这一时期如先生三十九岁写的草书《谢灵运诗轴》，五十五岁写的楷书《四友斋论书》，墨色以浓墨为主。其中亦仅因蘸一次浓墨连写数字而出现的浓枯相间的墨色变化而已。此风一直延续到（二十世纪）六七十年代如先生六十九岁写的自作诗《太湖东山二首》，墨色仍保持浓枯间隔的手法。这一时期林老追求的是骨力的挺劲，直到（二十世纪）七十年代以后林老自信筋骨已立，才‘以遒润加之’，‘以墨法融洽之’。亦即进入了第二阶段，破墨阶段。”

林散之先生的第二阶段，基本没有在其他书家身上出现，即“浓墨破水阶段”。

林散之先生在七十岁以后进行书法创作时，常用破墨法。所

林散之长子林筱之在创作

谓“破墨”是绘画术语，一般有“水破墨”，即勾勒的墨线用水破之使其洇化；还有“墨破水”，即在淡墨或淡色晕染后尚未干透前以墨线勾勒或墨点破之，使笔画洇开，这是画法。书法中的破墨、破水是指毛笔中含的是水或淡墨，然后在砚池里点浓墨或毛笔中含浓墨在水碟中点清水、淡墨的手法。

林散之先生有一句“磨墨欲熟，破水用之则活”的名言，说的就是他独特的“浓墨破水之法”。

庄希祖介绍说，“林散之先生用墨习惯是这样的：先将墨磨浓磨稠了，要我们在磨墨时手如执笔一样执住墨锭，然后在砚面上作顺时针地研磨，有时我们偷懒在砚池里放了不少水，研磨时，墨水会晃出砚池，林老见了就要批评。另外研磨时还要求我们悬肘重按慢磨。林老说这是练习画圆，并要我们边研墨边读帖，告诫学子‘磨墨静功夫，读书真事业’的道理。在林老的书案上除了砚台，边上还要放一小瓷碟，内盛少许清水。林老写字前常将浸泡在水盂里的毛笔取出在小碟边掭刮一下，使笔中的水流入碟内，然后再在砚池内蘸些浓墨，再刮入碟中，使瓷碟内成淡墨状，然后再用笔尖在砚池里点浓墨书写。由于林老喜用长锋羊毫笔，笔的根部蓄满淡墨，笔尖处饱蘸浓墨，书写时头几个字墨浓且饱，故笔画黑而涨出，再写几个字，尖部的浓墨写完，根部的淡墨下注，于是书作中出现了浓淡的变化。”

庄希祖透露，其师林散之先生运笔技法中的另一特点是喜用宿墨。“宿墨就是隔夜的陈墨。林老惜墨如金，用剩的墨只用砚盖盖住，从不倒弃，砚亦不洗，任其宿积。有一次，林老的三女儿�若见先生砚边的小瓷碟太脏，将其刷洗干净，反被林老数说一通，说她添麻烦，干外行事。林老每天写字时在砚池的宿墨中再兑些清水，然后研磨浓了书写，用这种宿墨兑新墨的特点是墨易沉，破水后，使书写的笔画血肉分明，即笔迹与洇出的水渍痕十分明晰。当然如果宣纸亦是多年的陈纸与之相匹配，效果则更佳。”

进入晚年，林散之用墨趋淡，进入“淡墨阶段”。

庄希祖先生说，“林老 90 岁以后书写时往往喜用淡墨。当然他的淡墨与明代董其昌的淡墨又不同，董其昌的淡墨是写在蜡笺、粉笺上近于熟纸，故墨虽淡而笔笔劲健，绝无涨墨渗出。然林老是饱蘸淡的新宿相溶的墨在生宣纸上书写，而且任其洇开，毫不顾忌字迹之模糊与否。这是林老的第三阶段。也可以说是归真返璞的更高境界。”

《庄子》说：“既雕既琢，复归于朴。”庄希祖认为，90 岁以后，林散之的书作也进入了平淡的阶段，“这平淡也是绚烂之极的平淡。林散之先生七八十岁时用墨变化极大，可以说是枯湿浓淡绚烂之极，而最终却又复归于朴，复归于淡。因此，这也是林老书法的更高层次。”

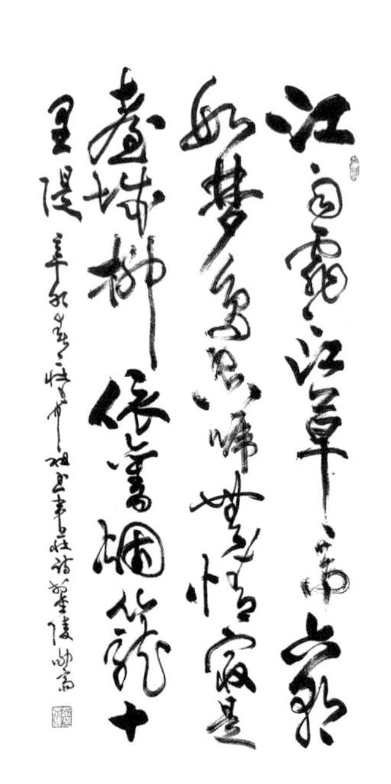

庄希祖草书

林散之是画家底色，诗家本色，而书道不过是诗画之余物。因此，对于书艺的理解，与普通书家不同。“当先生用饱蘸水墨的长锋羊毫笔书写时，往往刚一入纸水墨即已涨出，在一旁按纸的学生见状忙不迭找废宣纸想按压在水墨涨出的字上，以此来保持书作字迹的清晰，但林老示意无须这样做，一任笔迹洇涨成墨团而毫不顾忌。现在分析来看，这表明了林老忠于自然的一种审美趋向。因为用宣纸去印压字迹甚至等到笔迹外的水渍洇涨到恰到好处时，亦即既保持湿润的涨墨痕迹，

林散之的学生庄希祖在创作

又能使字迹清楚的时候，立即用废宣纸猛压上去，等字迹上多余的水墨被废宣纸吸去后再将其挪开，这样做固然能达到预期的效果，但毕竟是‘做’的，是通过非书写手段才到达的效果，故违背了‘自然’这一放之四海而皆准的原则。”

据庄希祖介绍，“林老写草书时蘸一次墨能写若干个字，他不是在写到最后没有墨时将这字写结束后去蘸墨，而是待干涸的笔写完一个字后还要带出下一个字的第一个笔画来，然后再去蘸墨再往下写。因此在一个字中往往出现先枯后润的反常现象。”

庄希祖说，“这也是林老在草书作品中大量运用的技法之一。然而此法在先生晚年书作中却不多见，这也说明林老最终达到“无法”的境界，就不仅仅于技法的运用了。”

林散之先生仙逝之后，名家多撰挽联，以志悼念。萧娴先生的几句话，做为林散之一生的总结，或最为切当：

绝艺是老。

大聪为聋。

参考书目

◎ 姚旭:《包头妙法禅寺历史探讨》,《新西部》,第 18 期,2014 年。

◎ 林昌庚、林苏若、林荇若、林昌午:《林散之》,《江苏文史资料》第 42 辑,1991 年。

◎ 黄茂金、朱冰:《林散之救命授业恩师张学宽》,《江淮时报》,2009 年。

◎ 林散之:《林散之书法集·自序》,古吴轩出版社,1997 年。

◎ 邵川:《林散之年谱》,江苏凤凰文艺出版社,2017 年。

◎ 隋永刚:《如何读懂争议中的黄宾虹》,《北京商报》,2015 年 4 月 22 日。

◎ 原郁:《林散之传》,中国文联出版公司 ,1995 年。

◎ 林散之:《漫游小记》,《旅行杂志》,1936 年第 10 卷第 7 期。

◎ 李秋水:《林散之书画集》,《林散之先生的艺术历程》,文物出版社,2003 年。

◎ 林散之:《江上诗存》,花山文艺出版社,1975 年。

◎ 老茂:《石谷风与黄宾虹》,《黄山日报》,2018年11月16日。

◎ 王家干:《读林散之〈江浦春修图〉》,《浦口文艺》,2005 年 12 月第 3 期。

◎ 石谷风口述,鲍义志整理:《亲历画坛八十年:石谷风口述历史》，江苏文艺出版社，2014年。

◎ 高泽迥：《感怀金陵四老纪念馆落成》，光明网，2005年5月27日。

◎ 李不殊：《读〈江上诗存〉所忆所思》，《扬州文学》，2004年第2期。

◎ 马家鼎：《"文革"中的林散之》，《中国书画报道》，2014年10月14日。

◎ 曹如诚：《古巷深处说"草圣"——追寻林散之的扬州足迹》，《林散之与扬州》，广陵书社，2012年。

◎ 周尚仁：《林散之的故事》，《新安晚报》，2012年7月7日。

◎ 沈津：《顾廷龙年谱》，上海古籍出版社，2004年。

◎ 商承祚：《我和古文字学》，《书林》，1981年第5期。

◎ 陈振濂：《"文革"前后的书法》，《杭州日报》，2017年2月24日。

◎ 韩瀚：《关于林散之的出山》，《霜叶在窗》，作家出版社，1998年。

◎ 蔡圣昌：《吴昌硕和长尾雨山的友情交往》，《湖州日报》，2017年7月23日。

◎ 村上三岛：《王铎の书法》，（东京）二玄社，1996年。

◎ 张欣：《草圣遗法在此翁》，《瞭望》，1984年第47期。

◎ 蒋频：《梅舒适老梅情怀》，《美术报》，2018年1月29日。

◎ 西岛慎一著，堀川英嗣、亚峰译：《纯净的艺术家林散之》，《书法》，2017年12月。

◎ 蒋频：《青山杉雨传统中的变与新》，《美术报》，2018年1月16日。

◎ 韩少华:《近代日本书法家青山杉雨:爱中国，尤其爱江南》，《东方早报》，2013年4月22日。

◎ 林昌庚:《忆父亲林散之二三事》，《林散之书学轶事》，江苏凤凰美术出版社，2015年。

◎ 杨玲:《不朽的字，慈爱的心——怀念草圣林散之》，《书法艺术》，1996年第4期。

◎ 鱼丽:《林散之的布衣之交——怀识邵子退老人》，《中华读书报》，2017年9月6日。

◎ 杨康乐:《忆林散之二三事》，《扬子晚报》，2011年2月13日。

◎ 邵川:《林散之与“三所”》，《美术报》，2006年12月30日。

◎ 林散之:《〈林散之书法集〉自序》，《文艺生活·艺术中国》，2015年第12期。

◎ 庄希祖:《林散之书法艺术解析》，江苏美术出版社，2000年。

◎ 林散之:《谈书法》，《中国文化报》，2009年8月27日。

◎ 张晓庆:《林散之与潜山桑皮纸之缘》，《安徽日报》，2018年5月18日。